PUTEM

SVJETLOSTI DUŠE

Nasljeđe Svjetlosti

Knjiga 1

Ivana Nesco

PUTEM

SVJETLOSTI DUŠE

Nasljeđe Svjetlosti

Nikola Tesla

Naslov knjige: Putem Svjetlosti Duše

Copyright ©2024 Ivana Nesco

ISBN 979-8-9902827-8-0

ZAPIS STRUJE I

FORMULA ŽIVLJENJA

LJUBAVI, LJEPOTE, DOBROTE,

ZDRAVLJA, MIRA I BOGATSTVA

U društvu Velikih Duša

Visoke Inteligencije

pod vodstvom

Gospodina Nikole Tesle

Prva Faza: Oduzimanje

Prepusti, Pusti, Oslobodi

Zahvala Gospodinu Nikoli Tesli

Veliko poštovanje čovjeku visoke inteligencije, koji posvetio svoj je život da osvijetlio bi naš vanjski svijet, a ujedno zahvala velikoj duši, koja sada jakim i jasnim prisustvom, osvjetljava naš unutarnji svijet. Hvala Gospodinu Nikoli Tesli.

Njegov dar i žar stvaranja novog, boljeg i ljepšeg življenja za cijelo čovječanstvo tu je i živi kroz sve nas koji voljni smo uistinu živjeti i život slaviti.

Zahvala

Hvala svim ljudima koji dotakli su moj život, pa tako sada naš zajednički val nosi ovaj dar oko svijeta i planeta u beskrajni univerzum i nazad u naručja naša.

Hvala mojim anđelima, najdražem djedu i baki, koji ugradili su meni jake temelje, a živeći pokazali šta ljubav i dobrota življenja je.

Uvijek prvenstveno i najveće Hvala Mami, hvala za dar života i slobodu življenja.
Hvala za tvoju hrabrost, jačinu duše, koju si prenijela i podarila meni, i najveće tvoje učenje - da sve je moguće, a ponajviše stvaranje boljeg i ljepšeg života. Hvala ti za nasljeđe čarolije.

Ivana

SADRŽAJ

O knjizi

Ne, ne možete knjigu samo pročitati i ne, nećete je moći samo čitati, jer riječi same nisu važne, ni znanje čak, ni velika ni mala slova, ni točka, ni novi red. Struja vam je dana.

Dubinu, jačinu, svjetlost, širinu, ljepotu, dobrotu, bogatstvo, zdravlje, mir, ljubav, to vam dajem. Ne riječi, ne slova. Struju.

Nema knjiga ni početak ni kraj. Možda vama sada nema ni smisla, ali ima struju. Da bi vi, koji je prepoznate, dobili tada, kada je vama potrebno i koliko je vama potrebno, dovoljno je samo otvoriti knjigu i čitati. Nevažno je koja je strana i nevažno je da li razumijete ili ne i da li vašem umu same riječi u ovom trenutku imaju smisla.

Uživajte s knjigom.
Odmarajte s knjigom.
Stvarajte s knjigom.
Živite s knjigom.
Struja vam je dana.

Ove ispisane riječi podsjetnik su samo, podsjetnik prirodnog stanja svakog ljudskog bića.
Ove ispisane riječi tu su da se iščitavaju ponovo, ponovo, ponovo i ponovo.

Ove riječi stvorene su da bi oblikovale vaše ćelije u novu formu.
Struja, prirodni tok, život koji animira vašu formu ključan je u stvaranju.
Do vas je kako tu struju, taj prirodni životni tok, usmjeravate i šta stvarate. Da li stvarate ili razarate?

Ispisane riječi u ovoj knjizi vodič su boljem, ljepšem i laganijem življenju, pa zato svakome tko stvara bolji, ljepši i lakši život, ova knjiga kvalitetan je gradbeni materijal i doprinos za stvaranje novog življenja.

Ova knjiga stvorena je žarom žene koja slijedila put je duše i srca svoga, vođena idejom ljepšeg i boljeg življenja.
Knjiga stvorena je u Skladu Ljubavi, Ljepote, Dobrote, Zdravlja, Mira i Bogatstva, uz doprinos dragih ljudi, predivnih duša otvorenog srca i njihove želje da stvaraju bolji i ljepši život.
U Skladu, zajedno smo jači.

Struja visoke frekvencije i jake životne vibracije glavni je izvor ove knjige. Ovaj zapis služi unutarnjem osvjetljenju čovječanstva, nasljeđe je svjetlosti i jedinstveni je rad Gospodina Nikole Tesle.

Ova knjiga nije samo za čitanje i iščitavanje, već je sjećanje prirodnog načina djelovanja i življenja, a ujedno i čišćenje zapisa Malog Uma LJudskog. Ova knjiga za vječno je iščitavanje.

Pustite neka struja odnese sve to što vam više ne služi, a svjetlost ukaže put, pokaže ljepotu, dobrotu i bogatstvo već postojeće i živo u vama.

Čitajte i iščitavajte ovu knjigu ponovo i ponovo, polako, polako. Jedan red, jedan list samo, dovoljan je da vas prisjeti, jedna riječ kao putokaz, da vas usmjeri.

Minuta jutarnjeg čitanja uz čaj ili kavu, dovoljna je da vaše biće usmjeri u ljepši dan i bolji život.
Minuta večernjeg čitanja dovoljna je duši za ljepše, opuštenije stanje i putovanje.

Družite se sa ovom knjigom kao s najboljim prijateljem, jer to ona i jeste.

Ne žurite, ništa novo ili nepoznato nije napisano, ali redoslijed riječi je drugačiji i struja jedinstvena.

Jedinstveno jednostavan je ovo zapis za sve vas koji čujete, osjetite i prepoznate ovo znanje i ovu struju.
Nije važno da li razumijete i da li vam ima smisla, jedino važno je da li vam prija ili ne.
Riječi same ne znače ništa. Mogu da vam zvuče naopačke i nepoznato. Neka. A možda vam potpuno svaka riječ ima smisao.

Ova knjiga, kao i svaka materija, nosi jedinstveni zapis i struju. Svaka materija nosi informaciju i život. Nema loše i dobro. Uvijek se sve na kraju svodi na to da li ovo sada prija ili ne i da li doprinosi boljem i ljepšem stanju mog bića. Tako čitajte i iščitavajte ovu knjigu, dušom, srcem i cijelim svojim bićem.

Na nivou Malog Uma LJudskog, samo je još jedna priča, još jedno čitanje, i još jedna knjiga.
A na nivou duše lijevanje je svijetlosti, ljubavi, ljepote, dobrote, zdravlja, mira, bogatstva i blaženosti za ljepši i bolji život.

Od autora

Svi smo mi umjetnici, svatko na svoj način. Svi mi kao jedinstvena bića imamo jedinstveni dar, koji je nama darovan da bi nam život obogatio dušom i dao svrhu ljudskom življenju.

Forma smo kroz koju se svjetlost prelijeva i tako stvara taj jedan jedinstveni otisak, ne samo našeg prsta, već pogleda, glasa i postojanja, ne samo ljudskog, već i energetskog stanja.

Svako biće jedinstvena je struktura.

Svako biće, svaki umjetnik na svoj način doživljava život, život koji sam po sebi već, neke vrste, umjetnost je.

Umjetnik koji bojama na platno prosljeđuje njegov dar, daruje nama unikatan, vidljiv otisak i baš taj jedan jedinstveni uvid življenja.

Umjetnik, kompozitor predstavi note na svoj jedinstveni način, a mi u dušu dirnuti baš njegovom postavkom nota.

Umjetnik: plesač plesom, kuhar jelom, krojač haljinom i odijelom, pisac knjigom, nekom pričom, majka dodirom, prijatelj ljubavlju ispunjenim pogledom, osmijehom, sve to umjetnost je.

Tako i ovaj moj zapis, umjetnost je sprovođenja struje u riječ, doživljene svjetlosti življenja u pisanu riječ.

Struja, inteligencija i informacija koja tako snažno i duboko dodiruje moju dušu, osvjetljuje moje biće i uljepšava moj život, sada je moj dar vama.

Iluzija vremena

Igramo se.
Život i ljudsko življenje nepoznanica je, čarolija i jedinstveno igralište.

Zamislite da je Život jedna velika, čista, predivna svjetlost, ljubavna toplina, blaženost i milina, a mi sva bića, male smo lampice u bezbroj boja, treperimo i igramo se.

I tako tom vječnom igrom svjetlosti i boja, ponekad zaboravimo da se doživljavanja ljudskog življenja samo igramo.

Pa tako na našem putu i putovanju zvanom ljudsko življenje, pomalo nestašni, a pomalo i nespretni, kao mala djeca, postanemo prašnjavi, prljavi i nezgodno muljavi, uvrijeđeni, povrijeđeni i bolesno iscrpljeni.

Sve je to od preozbiljnog života shvaćanja, nekog nevažno tvrdog, Malog Uma LJudskog vjerovanja i duše naše zaborava.

Zato hajde sada zajedno da sjećamo se našeg bića SKLADA, cjeline i jedine postojanja, da lakše prepoznali bi M.U.LJ.-
Mali Um LJudski, koji izgubljen luta,
tražeći duše svoje jedinstvenog puta,
jer ljudi kojima svjetlost je slaba,
muku neku uvijek muče,
nesvjesno sude i kude,
misleći da sude i kude „tamo one neke druge ljude“,
Malog Uma LJudskog priče prepričavaju,
a sami sebi neispunjene snove iznova i iznova obećavaju.

Iznenađeni tako i u čudu zatečeni,
kada taj netko drugi ima uspjeh novostečeni.
Kada netko uspije i nešto novo stvoreno bude,
bića Malog Uma LJudskog opet smisle neke predrasude.
Isto tako, još sa više pažnje, pričaju i o onom drugom
koji svoj život naizgled bezuspješno preslaže.

Ljudi nisu razigrani, ni dovoljno znatiželjni,
svoj jedinstveni život u nepoznato ispratiti.

Življenje brzo, prebrzo i površno.
Svi bi nešto odmah da se desi, od prve.

A ja vas sada kroz svjetlost gledanja ponovo prizivam i pitam:
Kuda to žurite?
S kim se borite?
S čim se borite i da li vam borba čemu služi?
Zašto gurate i koga to stvarno gurate?
Šta gurate i zašto?
Da li vam guranje čemu služi?

Niste ni svjesni, niste ni prisutni u svome tijelu, u nekom ste vremenu iluzije.
U vremenu prošlosti i budućnosti, u vremenu ste neke iluzije koja ne postoji.
Niste u vremenu ovog trenutka, ovog bića, ovog tijela, ove situacije i ovog stanja.

Naravno, dobro je imati želju, ideju, jedino potrebno imati je želju, ali želja se živi u ovom trenutku, ne u vremenu iluzije budućnosti.

Pitate se sada kako dalje?

Dalje je u ovom trenutku.
Sklad pričam.
Sklad uma, tijela i duše.
Pitate sada, a kako dalje?
Tako.
Dalje, za vas dalje, uvijek ponajprije Sklad je dalje.

A gdje drugdje bi vi dalje?

Kada Sklad u čovjeku ne postoji, tada struja ne postoji.
Prekinut je mehanizam stvaranja i odmaranja.
Prekinut je mehanizam življenja, življenja koje je samo tu i samo
sada.

Pitate se šta i kako dalje?
Samo iz Sklada se može dalje.
Sve što je izvan Sklada, svakako je izgubljeno, propušteno,
prazno, ne postoji i nema.

„Iz Sklada sam slušao,
u Skladu sam čuo,
Sklad sam stvarao i živio.
To vam darujem.
Put kojim sam ja hodao, to vam pokazujem."

Nikola Tesla

Sve ostalo je prazno, lažno i ne postoji -
lažno postojanje bez Sklada.

Samo s puno gibanja ne stigne se nigdje, samo je puno gibanja
koje čovjeku daje lažni osjećaj postojanja.
Gibanje koje radite iz nesklada, izvan vas je, izvan toka i izvan
bivanja.

23

Primjer: Kada vam se nešto desi, nešto takozvano „loše" ljudsko, da li ste se ikada zapitali, vi koji ste doživjeli nešto loše, teško, ljudsko, da li je to stvarno teško, strašno ili se to nešto desilo kao blagoslov da vas u Sklad vrati?

Kada se nešto, takozvano loše desi, jedan primjer koji je nama svima zajednički vezan je za bol i bolest.

Razbolimo se ili povrijedimo i možda u početku prihvaćamo to kao nešto strašno.
Kada nas Mali Um LJudski ponese tom i takvom putanjom tada zamišljamo čak i još strašnije scenarije.
Putujući tako tim putem, u početku možda samo s mislima straha, ujedno iz dubine našeg bića rađa se i želja za ozdravljenjem i nekim boljim življenjem.

I tako na tom putu i putovanju stvara se plodno tlo za promijene iz temelja, rađaju se nove želje, znanja i spoznanja.

Čuli ste sigurno mnogo priča kada se ljudi gotovo sa zahvalnošću sjećaju bolesti ili povrede i kako im je ta situacija pomogla da sagledaju život na novi način, promijene način življenja, povrate se sebi, svom biću i nečemu što je njima uvijek bilo važno i istinito.

I tako sada pričaju o čaroliji življenja i blagoslovu života, jer spoznali su Sklad bivanja.

Isto tako svi mi prošli smo više nego jednom u životu poslovne i privatne situacije, imanja - nemanja, nemanja pa ponovo imanja i možda u tom trenutku, pod velikim strahom uključio se u nama alarm za golo preživljavanje. Iščitavanjem življenja i situacije na takav način poljuljan nam je bio lažni osjećaj sigurnosti, jer samo mislili smo da je ta trenutna situacija nešto teško i nešto strašno.

Da bi opet vremenom gledajući unazad rekli, možda samo sebi, nečujno i veoma tiho: „Ovo bio je blagoslov", a nekada vrištali na sav glas svima koji žele da čuju: „Ne bojte se ljudi, već znajte, nešto dobro iz ovoga se sada rađa, biće vaše se oslobađa i u Sklad vraća".

A ponekad, nažalost, odživimo život s nekom pričom i vjerovanjem da je to nešto što nam se desilo bilo veoma strašno, neka toliko velika promjena ili doživljaj nakon kojeg nismo mogli da nađemo snage za novi put, volje za bolji život, već smo bez žara nastavili samo preživljavati, čekajući penziju, očekujući „smrt", koju već svakako živimo takvim stanjem bića i načinom življenja.

Da, svako ljudsko biće u životu doživi neke njemu teške i bolne situacije. To sve dio je ljudskog življenja i nešto što nas sve u srcu spaja.

Da, neke situacije jesu čudno zapakiran blagoslov, a vidimo ga, upoznamo ga tek spoznajući sebe.

Ovdje vas pozivam da i u onim situacijama koje vam paraju dušu i lome srce, nađete jedan mali tračak svjetlosti, otvorite mali prolaz, koji je i od končića i od igle kroz koju končić prolazi manji.

Da se podsjetite da Život, Stvarstvo, Bog, Svjetlost, naša Duša, kako god vi to nazivate, tu uvijek za nas je, čak i kad ne vidimo i ne znamo, čak i kad se bojimo i kad bolimo.

Pozivam vas sjećanju da, na nekom većem planu, sve je dar, čarolija i blagoslov, jer na kraju krajeva, nitko ne zna šta će biti sutra, ni iduće godine, ni kada odemo iz ovog tijela.

Kada tako sagledamo, lako se vidi da je ovaj trenutak, ovaj dah i ovaj doživljaj, najvrjedniji i jedini najvažniji.

Da li je „strahovanje i patnja" još uvijek vama potrebna ili možete da čujete moje učenje koje kaže: „Sklad ponajprije".

„Volim da živim,
volim da stvaram,
volim društvo ljudi koji žive Sklad."

Nikola Tesla

Sada se sigurno pitate: „Dobro, a ako je Sklad, ljepota, dobrota, ljubav, mir jedino važno, a zašto onda sve ostalo postoji?"
Neka.
Zar to stvarno mora da bude tvoja briga zašto sve postoji?
Postoji.
Ti u Sklad, ljepotu, ljubav, mir i dobrotu samo gledaj.

Sve postoji. Ti tu si gdje sve postoji.
Zato ne želi, ne čekaj, ne moli, ne nadaj se, ne očekuj, ne obećavaj, već Stvori.

Kome se nadaš, čemu se nadaš i na koga čekaš?
Kada i tko je taj tko će ispuniti i zadovoljiti tvoja očekivanja i želje?
Ne postoji „taj netko drugi" kad ljubav, ljepota, bogatstvo, mir, zdravlje i dobrota ti već jesi.
Prirodno je to stanje svakog bića.
Zato Sklad budi.

Sklad u tebi prvenstveno. Tek tada doprinos si i za sve ostale;
samo tako se cijelo ljudstvo u Sklad pokreće.
Tako se nesklad dovodi u Sklad, tako se prekid struje dovodi u
povezano stanje.

Isprekidane su vam žice,
tečnost osušena i struja slaba,
a time vi, kao lampice, jedva vidljivi.

Čemu vam u takvom stanju služi nada?
U takvom oslabljenom stanju nada ne vrijedi ništa.

Ljubav, mir, zdravlje i bogatstvo, Sklad je jake struje i velikog
sjaja.

Ne tražite Sklad u neskladu.
Smirite se, odmorite se
i miru se predajte.
Prepustite se,
neka vas rijeka života nježno ponese,
ispuni i osvijetli.

Tek tada iz Sklada, sudjelujte,
jer doprinos vašeg dara
cijelom stvarstvu ljepši i bolji život stvara.

Vaš Sklad.
Gdje, kada, s kim i sa čim?

Vi koji živite u velikim gradovima, gledate mala sela, gledate u daljinu, mir i tišinu, gdje puno mjesta je da se diše, priroda.
Vi koji živite u velikim gradovima mislite da želite prirodu, mir i tišinu, ali nije to samo tako istina.

Često samo tražite bijeg. Bijeg.
Bježite od sebe, od života, od stvarnosti i realnosti.
Gušite se, ali ne od stvarnosti i realnosti već od Malog Uma LJudskog, koji gleda oko sebe, misli da treba, misli da mora to i treba ono i želi ovo i želi ono i mora ovako i ne smije onako.
Od sebe i od svog sopstvenog življenja i doživljavanja vi bježite u neku tamo negdje daljinu i lažnu tišinu.

Da, pomoći će vam vanjski mir, tišina i širina.
Da, pomoći će vam, ali ne na način na koji vi mislite.
Izludit će vas prije nego što vas oslobodi.

Vi, koji živite na selu, u vanjskom miru, u tišini, u prirodi, gledate u gradove, u daljinu, želeći nešto više, veće, jače i življe.

Dobro je to, pravilno je to, prirodno je to, ljudsko je, želja je jedina i najbolja pogonska sila za čovjeka.

Ali, šta sada kada dođete u veliki grad gdje ima svega, gdje se može sve, sve što poželite, sve je tu?
Šta sada i kako dalje, i šta je dalje i u kojem pravcu?
Izludit će vas prije nego što vas oslobodi.

Isto je, nema razlike u vanjskom svijetu, nema razlike u življenju,
razlika jedina u vama je.
Do vas je gdje i kada ste u Skladu,
do vas je sa čim i sa kim ste u Skladu.

Nema boljeg, nema lošijeg, nema ljepšeg, nema ružnijeg,
pravog ili krivog.
Sa čime ste vi u Skladu, pitanje je važnije.

Da li vas zadovoljava tišina?
Da li vas zadovoljava buka grada i življenje koje ne staje,
koje se ne gasi i koje ne prestaje?

Ima svega, uvijek.

Do vas je sa čime ste u Skladu i kada.
Da li sa zimom ili s ljetom?
Da li s jesenskim lišćem ili proljetnim cvjetovima?

Do vas je. Svatko mora znati svoj Sklad.
Svatko mora znati svoj Sklad; s čime, s kime, kako i kada.

Sve se mijenja, priroda se mijenja, valovi dolaze i odlaze, gradovi
rastu, sela se smiruju. Važno je znati s čime i kada ste u Skladu.
Promjena u čovjeku je jedino i jedino i jedino istinito.
Promjena u biću prirode je jedino i jedino i jedino istinito.

Da li se držite na jednom mjestu samo zato što se osjećate
sigurni, voljeni, komforni ili ste na tom mjestu zato što ste u
Skladu, u istom njihanju, u istom disanju i u toku sa životnom
strujom?
To samo pratite.
Vaš Sklad.

Tko Si, Kako Si, Zašto Si?

Ljudi često lažu sami sebe.
Kažu: „Nemam" i kažu: „Ne mogu".
Ljudi stvarno lažu i ponižavaju sami sebe kada kažu nemam i ne mogu.

Pogledaj dobro, pogledaj jasno i vidi, da li to istina je, da li to stvarno tvoja istina je. Umiri se, smiri se, pogledaj oko sebe, pogledaj sebe.

Tko si?
Kako si?
Zašto si?

Pogledaj sebe i reci tko si, šta znaš, šta imaš i šta možeš.
Pogledaj oko sebe i reci tko si, kako si i zašto si.

Dobro pogledaj, reci na glas istinu svoju:
Imam.
Jesam.
Znam.
Mogu.

Vjera

Kako sada?

Kako sada biti jak, biti pribran, svjestan i staložen?

Kako sada živjeti i stvarati, u promjenama velikim, kada cijela ljudska rasa nema mira? Kako sada, kako sada stvarati i živjeti?

Sada, ljudi moji dragi, vidljiva je vjera.

Vidljiva je istinska vjera i isto tako vidljiva je „vjera" koja je samo napamet naučena priča.

O kojoj vjeri pričate?

Da li je vaša vjera u Boga, u Stvarstvo, u Svjetlost ili u zlo i strah?

Većina vas priča o nekoj vjeri, o nekom vjerovanju, o nekoj snazi i jačini.

Da li samo vjerujete i pričate ili i živite?

To pogledajte.

Vjera nije pridružiti se nekom i nečijem mišljenju i vjerovanju, to sigurno vjera nije. Raspoznati šta prava vjera je, ponekad vama i nije lako.

Zašto kažem istinska vjera je življenje Sklada?

Zato jer istinska vjera življenje je, ne propovijedanje.

Vjera nije briga, strah, razdvajanje, pravdanje i priča prepričavanje.

Prepoznati i prigrliti istinu stvarstva i živjeti tu istinu, to Vjera je.

Svjestan stav i jasna slika da cijelo ljudstvo jedno je biće i da to jedno biće samo je jedna kapljica u beskonačnom oceanu božanskom.

A kako prepoznati ćete da stojite u istini, istini stvarstva i cjeline?

Prepoznat ćete jer u miru, lakoći i nekom unutarnjem slatkom zadovoljstvu ste.

Jasno je i lagano je, mir u vama je i oko vas. Osjećate svako biće i prepoznajete da dio vas je i da jedno ste biće.

Vjera stanje je bez straha, vjera stanje je molitve bez „pomozi mi".

Vjera stanje bića je „Hvala ti".

Sada, ljudi moji dragi, sada jasno vidi se stanje vašeg bića i vaša „vjera".

Vidi se: „Tko sam, Kako sam i Zašto sam" u svakom biću, svakom ljudskom biću, u svakoj zajednici, gradu, državi i kontinentu.

Vidi se živa vjera, istina, Sklad i stav.

Isto tako vidi se strah, borba, laž i rat.

Poznaj sebe.

Zov duše

Kada ste se rodili, šta ste znali, šta ste mogli?
Ništa ljudsko niste znali i ništa ljudsko niste mogli, ništa ovog svijeta razumjeli niste, niste čak još ni „u ljudskom postojali", a blaženstvo, ljubav, mir i Sklad živjeli ste.
Kao prskalica u tisuću boja bili ste.

Kako tada, tako i sada.

Zar ne mislite da postoji neka veća sila, neka veća i jača sila koja vas vodi, čuva, pazi, hrani dok vi rastete i razvijate se i kao odrasli ljudi?
To vjera je. Znati.

Vjera nije Malog Uma LJudskog propovijedanje, mišljenje i neko vjerovanje, vjera svakodnevno življenje je.

Kao mala djeca slobodno prepuštena životu, igri, doživljavanju, rastu, razvijanju, tako ste i vi odrasli neke vrste vječna djeca, slobodno pušteni igri, rastu, razvijanju i svom jedinstvenom života doživljavanju.

Bez potrebe padate na koljena iz nekog straha,
bojite se neimaštine ili bojite se življenja.

Rastite, razvijajte se bez preozbiljnog razmišljanja, živite slobodno kao djeca, živite razigrani i veseli, uzbuđeni dočekujući novi dan da svane, u milion boja da plane, večer da dođe, a vaše ćelije sve ispjevane, sladak san da vas nježno snađe i ponovo novi dan da u zadovoljstvu vas nađe.

Plešite na kiši, veselite se suncu, smiješite se suncu, igrajte se u snijegu, šetajte po jesenskom lišću osluškujući njegovu pjesmu.

Idite tamo gdje vas duša zove,
idite tamo gdje vas duša vodi.

Prepustite se, živite iz Sklada i iz duše vaše slada.
Koračajte sa zadovoljstvom
jer samo zadovoljstvom, zadovoljstvo se stvara.

Ne živite u grču, u strahu ili u borbi.
To nije življenje, to beskrajno je mučenje i vječno umiranje.

Srcem otvorenim kao ruža, koja miris svoj svima nježno pruža, zakoračite slobodno dalje, a svaki korak neka vam bude lagan, znatiželjan i živahan.

Neka vam svaki korak bude željan, željan skakutati dalje, ljepše, bolje, laganije, svježije, znajući da vječna ste djeca, znajući da življenje vječna je igra.

Nema krivca

Bol, bolest, tuga, jad, strah i žalost jednog ljudskog bića pokazuje se i pokazat će se svakako na svakom koraku, u svakoj riječi i u svakodnevnom načinu djelovanja i življenja.

Ljepota, dobrota, ljubav, mir, prijatnost, pažnja, bogatstvo, zdravlje, zadovoljstvo i duše slad pokazuje se i pokazat će se na neki način: kroz život, kroz ljude, kroz rad i prijateljstva.

Tko smo, kako smo i šta živo u nama je pokazat će se i bit će vidljivo na neki način: kroz novac, domovanje ili rad, kroz druga, prijatelja i voljenu osobu, mir ili nemir bivanja, kroz djecu, roditelje, zdravlje, bol i bolest.

To što u nama živi neminovno pokazat će se kroz ne samo riječi, već djela, doživljaje i življenje.

Kada življenje nije tebi prijatno ni lako, nemoj vjerovati, nikada nemoj vjerovati da to što živiš i doživljavaš, da to krivnja je nekog drugog, pa čak ni tvoja. Nema krivca.

S lakoćom budi, sa zadovoljstvom zbori: „Doživljavam, stvaram, odmaram, put putujem, rastem i živim." Nema krivca.
Ne pokazuj prstom u nikoga i u ništa iz vlastitog nezadovoljstva.

Ti sprovodiš i usmjeravaš život koji živa je struja u tebi.
Do tebe je kako preslikavaš svoju jedinstvenu viziju.
Tvoj jedinstveni prikaz pokazuje se kroz razne životne situacije i tebi i svima oko tebe.

Zato ne vjeruj čak ni onome tko krivi tebe,
svatko je svog ljudskog bića gospodar.

Jasno sagledaj, budi svjedok samo naravi ljudske, i svoje i tog tko je ispred tebe, budi svjedok življenja. Prigrli svako biće i svaki doživljaj kao tebi lično darovan jedinstveni dar.

Jedinstveni put

Kada hodamo putem kojim nas naše srce vodi, kada živimo život dušom vođeni, kada hodamo taj naš jedinstveni put, ponekad kao da jako dugo nema ništa, put izgleda kao da je prazan, a mi se možda osjećamo potpuno sami.

Zašto se vraćati?
Samo zato jer nismo naišli još na novi putokaz?
Zašto se vraćati?
Samo zato što ne znamo gdje taj put vodi?
Zašto se vraćati?
Samo zato što je neprijatno ili nepoznato?
Zašto se vraćati?
Samo zato što smo sami?

Nemojte se vraćati; sve za vama, sve iza vas poznato je, urađeno, odrađeno, življeno, izrečeno, sve iza vas već življeno je, završeno je, odživljeno je.

Da li je stvarno istina da želite nazad,
da li je to stvarno vaša jaka istina da želite nazad?
Da li je?

Zastanite samo trenutak jedan i pitajte se.

Ako je to vaša prava istina, željeti „nazad" - živjeti poznato, vratite se, niste spremni, nije zrelo, nije složno, nije još u Skladu s vama u ovom trenutku.

Nekada želja je jaka, trud velik, čežnja moćna,
čežnja moćna, a moćniji Mali Um LJudski.

Kada niste u Skladu, ne gurajte, ne žurite.
Ne žurite.
Slobodno se vratite, zastanite i odmorite.

Opuštanje u tijelu, prirodno opuštanje stvara protočnost.
Protočnost daje čovjeku više energije, struja se jača.
Jača se struja, jača se i čovjek.
Struja struji, svjetlost svijetli.

Odmor važan je.
Stanka, pauza, važna je isto kao i pokret.
Isto kao što pokret jača čovjeka i njegovu struju ista važnost i u
predahu je.

Život igra je, ples i dinamika, uistinu samo pričinjena statika.

Kada ljudsko biće kruto je, tvrdo u svom stavu i postojanju,
tada ne samo da življenje teško je, već je ponekad i neizdrživo.

Suptilne energije važno je da se čuju i poštuju,
prirodni su to glasovi tijela, prirode, duše i univerzuma.

Kada čovjek u Skladu sa svojom dušom je, s prirodom,
elementima univerzuma, tada život lagan i prijatan je.

Znakovi i putokazi

Sve tu je, živ život, sve ti si, sve u tebi je, oko tebe, sve tu je ispred tebe i iza tebe. Okreni se, pokreni se.

Ti uvijek u Skladu sa životom si.
Sve sa čime ti u Skladu si, to tu je, za tebe, oko tebe, ispred tebe i iza tebe. Ti to si. Ti taj si. To tu je.

Kada u Skladu si, jasan si, sve što tu je, sve jasno je, i dari i božanske čari, a isto tako i sve izmišljotine Malog Uma LJudskog.
Sve jasno je, vidljivo, čujno i ćutno.
Sve tu je.
Šta i kako biraš da živiš kao jedno ljudsko biće do tebe je.
Slobodna volja svima isto darovana je.

Ima svega, a kada sa dušom svojom u Skladu nisi, tada život doživljavaš kao naporan i oskudan, misliš da ne znaš i da ne može drugačije.

Kada nisi u Skladu sa dušom svojom, tvoje življenje to pokazuje.
Sve su svakako samo putokazi.

Budi svjedok, budi svjedok življenja.
Sve samo putokazi su tebi.
Čitaj znakove. Gledaj putokaze.
Ne sudi.
Čitaj znakove.
Gledaj putokaze.
Ne bori se, ne bježi, samo su putokazi.
Do tebe je u kom pravcu krećeš i šta pokrećeš.
Do tebe je.

Suptilna moć

Prepustite se vodstvu, stvarstvu, božanstvu.
Prepustite se da vas vodi jača i veća sila.

Prepoznati tu prirodnu moć teško samo onima je koji nisu svjesni bića svog podražaja, jer struja života, vodstva i stvarstva nježna je, suptilna i lagana.

Nježna je to snaga, nježno jača i od najjače jačine.
Pravedna, jedinstvena i istinita.
Nevidljiva je to struja,
izvor beskonačne snage svakom pojedincu.

Priključite se i dozvolite život da vas vodi,
život stvarstva i velike suptilne moći.

Putem svjetlosti

Kada osjetiš i prepoznaš težinu, gustu energiju i tamu, kada podražaj u tvom tijelu tebi daje znak da tvoja ili nekog čovjeka, neke situacije, mišljenja, djelovanja energija ne prija, okreni se i pokreni se.
S lakoćom okreni se i s lakoćom kreni u drugom smjeru.

Nemoj raspravljati, objašnjavati zašto ili željeti biti u pravu.
Ne pomaže rasprava i nema objašnjenja koje oslobađa i koje će te uzdignuti.
Dok u raspravi si i prisustvu ljepljive težine i ti ljepljiv si, težak, umoran i tmuran.

Nema objašnjenja iz Malog Uma LJudskog koje će da te uzdigne ili očisti, već ćeš se i ti zalijepiti i potonuti, uvijek.

Okreni se s lakoćom i kreni s lakoćom u novom smjeru. Čim osjetiš, čim prepoznaš, okreni se smjeru svjetlosti, zajedništva, ljubavi, ljepote, mira i dobrote.

Samo hodaj, ne zaustavljaj se, ne zastaj, ne okreći se.
Hodaj putem svjetlosti, mira i dobrote.
Tu tvoj spas je, a tada ti spas svima onima si koji zamuljani u tami su, mišljenjima zalijepljeni i Malog Uma LJudskog zabludama zaslijepljeni.
Samo tada svjetlost si, kada hodaš putem svjetlosti.
Samo tada doprinos svjetlosti si i onima koji su u tami, jer
Tko si sebi taj si i meni, a kako si meni tako si i sebi.

Tvoja pažnja, tvoj život

Naša pažnja daruje život tome šta gledamo.

Da li pažnjom svojom život lijep sadiš i gradiš
ili samo lutalica si i igrokazom Malog Uma LJudskog
na kapaljku se hraniš?

Naša pažnja njeguje i hrani točno to i samo to šta mi gledamo,
o čemu mislimo i pričamo.
Naša pažnja kroji i stvara nama naš život.

Ne daj pažnju i ne pridaj pažnju onome što zdravo nije i ne prija,
jer tako hraniš i daješ život onome što zdravo nije i što ne prija.

Naša kruta vjerovanja, objašnjenja i predrasude, sve su to
zablude. Potrošena i rasipana je takvom pažnjom sva životna
hrana nama dana.

Zato dobro pratite šta hranite, kome i čemu dajete pažnju, život i
svoju energiju.

Ne sudite šta gledate, samo svjedočite, budite svjedok svjetlosti i
tame, ljubavi i straha, ljepote, lakoće, tame, težine, tišine, dubine,
bolesti i zdravlja.

Ispunjeno življenje ljudskog je bića koje u svjetlosti mira biva,
jer tada jasna i pažljiva njegove pažnje je direktiva.
Stvaranje i odmaranje jedno postane stanje,
a direktiva svjetlost je i ljudskog življenja blagostanje.

Stvaranje kao lijek

Stvaranje je življenje.
Život je stvaranje,
stvaranje je življenje.
Kada čovjek sa zadovoljstvom stvara - živ je,
sve ostalo smrt je.

Spašen onaj je tko ima znatiželju
i uzbuđenje za stvaranje.
Samo takav čovjek spašen je.
Od čega?
Od mučenja, bolovanja i življenja na samrti.

Irelevantno je šta želja je i kakvo stvaranje je,
potpuno je irelevantno.
Važna je znatiželja, uzbuđenje i stvaranje.

Tako čovjek cvate,
tako čovjek živi, diše, raste, stvara.
Tako se čovjek hrani,
ne samo kruhom već životnom energijom.

Kako se riješi problem?
Stvaranjem.
Kako se izliječi bolest?
Stvaranjem.
Kako se prevaziđe tuga?
Stvaranjem.

Stvaranje lijek je.
Inspiracija pjesma je duše.
Uzbuđenje ples je duše.

Stvarajte ljepši i bolji život sebi, drugima, svima.
Stvarajte bolji svijet.

Stvaranje ljepšeg, boljeg života i novog svijeta jedini je spas cijelom čovječanstvu.

Stvaranje ljepšeg i boljeg svijeta izliječit će sve bolove i rane ljudstva, svake nacije, zemlje i cijele kreacije.

Jasna slika

Jasna slika tko sam, kako sam i zašto sam.

Jasna slika tko sam, kako sam i zašto sam jedina je važna.
Taj Sklad, kojemu kada dodamo najprirodniji začin zvan uzbuđenje, nastane najjednostavniji recept za stvaranje.

Ne gledaj u ljudsko biće ispred sebe ne znajući tko si, kako si i zašto si, jer tako nikada nećeš hodati putem svog života, već ćeš hodati putanju nekog drugog, ljudskog bića, života.

A u tom jednom trenutku, kada iz svog nekog nezadovoljstva zastaneš, misleći da na stranputici si, mahnito tražit ćeš krivca, ljutiti se ili žalovati, ali tada to više neće biti važno jer prohodao si taj put, odživio i potrošio tog ljudskog bića godine i životnu energiju.

A kada u Skladu si, tvoje disanje, hodanje i spavanje živo živi tu jasnu sliku, nekada poželjenu, jednom poželjenu. Taj Sklad i taj život, doprinos svakom je ljudskom biću s kojim se rukuješ, izmijeniš riječ i pogled.

Kada izmijeniš riječ i pogled sa čovjekom koji u Skladu je sa svojom jasnom slikom, čudesa se tada stvaraju.

Ovaj dan je samo danas

Samo jedan je ovaj dan.
Samo jedan je ovaj dan koji sada živiš.
U kakvom društvu si, šta radiš i da li u Skladu si?

Da li vodi te duša ili zavodi Mali Um LJudski?

Kako biraš društvo svoje, da li izgled važan je, titula,
rasa ili nacija?
Da li biraš društvo svoje gledajući površinu ili dubinu?
Ako gledaš površinu, slijep si.
Ako tebi vanjština samo važna je, ti ne živiš.

Kada oči bića tvoga zatvorene su, zalijepljene ili zamagljene, tada
življenje nije istinito, samo Malog Uma Ljudskog je
preživljavanje. Ljudsko biće tada kao lutka divlja i bez nadzora
beskrajno vrti se u dimenziji Malog Uma LJudskog.

Tu zadovoljstva, ljepote i bogatstva nema.
Možda vidiš boje, ali lažne su.
To sivilo mrtvila je i iluzija pravog življenja.

Da li dišeš duboko, široko, opušteno i slobodno?
Ako ne, pitaj se i pogledaj zašto ne.
Zašto ne udišeš život duboko i široko, ako u ljepoti, dobroti,
zadovoljstvu i bogatstvu si?
Da li si?

Da li stvarno čuješ zvukove i život koji okružuje te
ili čuješ samo misli koje tjeraju i varaju te?

Pojednostavi još, opusti se još, življenje lagano je, kao što priroda lagana je.
Priroda divan prijatelj, učitelj i liječnik je.
Prošetaj, zastani, pogledaj u oblak, u drveće, cvijeće, krošnje, lišće kako se njiše i kako diše.

Udahni, duboko i široko, oslobodi se misli, svjestan budi daha i trenutka trena.

Mali Um LJudski ili Um Duše

Nema objašnjenja života Malim Umom LJudskim samo.
Šta to znači „Malim Umom LJudskim" samo?
M.U.LJ ne kupa se u svjetlosti, ne daruje duše svoje čar
i ne prikazuje ljudskog bića jedinstveni dar.

Mali Um LJudski vrti samo i ponavlja već sve izgovoreno,
ponavlja već sve iživljeno.
Pun straha je, mali, ušuškan, skriven pred ljepotom življenja i
stvaranja.

Nema objašnjenja, nema ozdravljenja, nema čak ni rješenja kada
ljudsko biće rob je Malom Umu LJudskom.
Ne ulazite u raspravu, pomaganje ili savjetovanje čovjeku koji
ima dilemu, scenu ili situaciju, a kruto jak u svom stavu je.
To uzaludno trošenje riječi, vremena i života je.
Život nije učenje već je istraživanje i doživljaja življenje.

Šta istražujemo? Šta to dublje i sjajnije je?
Ni to ne treba objašnjenja, jer oni koji znaju i vjeruju da svega
ima i da sve postoji, oni znaju, žive i doživljavaju život dublje i
sjajnije.

Mali Um LJudski krut je u doživljavanju i ne želi da vidi ništa što
njemu nije poznato, i zato kaže: „Ne znam i ne vjerujem dok ne
vidim."

Sve to ljudsko je. Ne sudite, budite svjedoci. Svjedoci igrokaza,
igrača, projekcija, scenarija, raznih uloga i velikih glumaca, jer sve
to što gledate i kako gledate svakako nije jedina prava istina.
Jedinstvenu istinu doživljava i doprinosi svatko tko živi u Skladu
svjetlosti ljudskog bića.

U nepoznato

A kuda ćete nego u takozvano vama nepoznato?
A gdje drugdje nego u nove ideje i doživljaje?
Kako drugačije kada stvarate novi, ljepši i bolji život?

Primijetite cvijet, zastanite pred vjevericom u parku, zastanite i bez razloga, a onda, skrenite i pođite u pravcu gdje nikada prije niste bili.

Pitate se možda zašto, a ja vas pitam: „A zašto ne?"

Čemu onda sve ovo, ova kreacija, ova zanimacija i ova partikularna animacija?
Čemu disanje i mirisanje, osmijeh i tuga, sunce, kiša i duga, stanovi, gradovi, brežuljci, mora i planine? Čemu onda sve to?

To tu za vas je.
Beskrajna kreacija, jedinstvena, stvorena da stvara,
stvorena od zrna, rođena od čara.

Putovanjem putevima, nepoznato novim putevima, novi život se stvara. Vašim novim, uvijek ljepšim, uvijek boljim stanjem bića nova se života stvara priča.

Tako uzdiže ljudstvo se iz tuge, patnje i bola.
Samo tako, ujedinjujući i susrećući se u ljepšem i boljem.

Vaše bivanje i vaše snivanje veličanstvena snaga je mila,
kao što veličanstvena stvarstva je sila.

Rat, borba

Šta rat je?

Mnogo vrsta je rata.

Zabluda je kada ljudi gledaju samo u oružje, bombe, puške i pištolje i misle da to rat je.

To samo jedan prikaz je.

Rat pokazuje se u mnogo varijacija i oblika.

Kada čovjek krene na čovjeka, bori se protiv nečijeg mišljenja, načina življenja, vjerovanja, postojanja, djelovanja; zar nije i to rat?

Svađa. Zar nije i to rat?

Ratuje se, da, previše, svakodnevno, na previše načina: muž protiv žene, brat protiv brata, sestre, susjed protiv susjeda, selo, grad, država, protiv.

Opet, pokazujem vam kako u zabludi ste kada borite se protiv i ratujete s nekim ili nečim.

Rat u vama je.

U vama je.

Vi ratujete umjesto da stvarate.

Vi ratujete umjesto da živite i da volite.

I tako život prođe mnogima u ovoj ili onoj vrsti ratovanja.

I tako život prođe.

Ljudi umorni, pretučeni, noseći žalost i bol, posljedice, ne samo fizički ili mentalno, već mnogo šire i dublje, u borbi protiv nečeg ili u borbi za nešto.

Zamislite Dar i Čar jednog Života i ljepote življenja, utučen i izgubljen.

Borba protiv nečega ili borba za nešto, da svijet promijenio bi se na bolje.

Da li čujete kako zvuči naopačke i nemoguće?

Ujedinjenje i način življenja

Nema žaljenja, jadanja, opravdanja i objašnjenja koje će vam pomoći do novog, boljeg i ljepšeg življenja. Nema krivca.
Nema opravdanja i nema objašnjenja koje će vas dovesti do zdravlja i bogatstva.

Griješite, u krivom pravcu gledate:
novi, bolji i ljepši život do vas je.
Vi ste ti koji svoj put koračate i sebi putovanje stvarate.
Ljepši život u vama je, vi ste ti koji ga stvarate i doživljavate.

Ništa propušteno nije, ne žalite.
Živite bez krivnje i gledanja unazad.
Ne tražite zdravlje i bogatstvo od nekog drugog, u vama je.
U vama sva snaga je, moć; zdravlje i bogatstvo prirodno je naše stanje.

Ni zdravlje ni bolest nije statično stanje.
Dinamično je i zato dolazi do bolesti, ali i do zdravlja.
Koliko slušate svoje tijelo i koliko ste u Skladu?

Ne postoji dijeta, jedan način ishrane za sve ljude.
Ne postoji ni spavanje, rad, djelovanje samo jedne vrste.
Jedinstvena smo bića, jedinstveno je življenje, jedinstveno je svako tijelo.

Spoznajte sebe.

Kada promijenite stanje svog bića, sliku, postavku, način življenja, gledanja i slušanja, u istom trenu promijenili ste doživljaje i sam život.

Sila stvaranja

A šta onda znači „zajedno smo jači", ako je bogatstvo, ljubav, zdravlje, ljepota, dobrota i mir u nama, u nama samima?
Čemu onda služi liječnik, učitelj, pekar, električar, slikar, prijatelj?

Zajedno smo jači u svakom pogledu, a uistinu zajedno smo jači samo kada svatko stoji u svom Skladu.
Kada svatko svoj dar sa zadovoljstvom daruje, tada doprinos je i svjetlost stvara.

Kada se čovjek, koji u Skladu je, budi, tada takav čovjek jedva dočeka jutro, dan da svane, da bi mogao da stvara i prenosi to svoje zadovoljstvo. Kada čovjek u takvom stanju bivanja i življenja je, tada nestašluci, mali svakodnevni nestašluci, pa čak i velike životne poteškoće, laganije i lakše se prevaziđu.
Tada svaki teret postaje nekako lakši, i odleprša, a nova vrata se pootvaraju. Putevi vidljivi, kao da su već stvoreni, sve tu je, sve već postoji.

O čemu pričamo?
O Skladu i jačini duha.

To nam je ne samo spasitelj i hranitelj, već sila i moć, svima ista dana. Stvarna životna struja s kojom, kada svjesno koračate kroz život, sve što ste ikada poželjeli, već tu je, stvoreno.

Jedno smo bezvremensko biće

Neki od vas neumorno objašnjavaju da je takozvano vrijeme vremenom ubrzano. Nije vrijeme ubrzano, već je struja jača, a time tok i valovanje brže. Prirodno je to stanje univerzuma.

Jača struja i brži tok nekim ljudima izgleda kao da vrijeme leti.
Vrijeme leti samo onima koji kruto drže stare postavke, putujući i živeći jednom nogom na gasu, a istovremeno drugom na kočnici.
Ljudima koji nisu svjesni, prisutni, otvoreni, željni, voljni, njima vrijeme leti.
Žive pod uporom, s otporom i naporom konstantno ponavljajući iste priče i isto življenje i takvim načinom sami sebi stvaraju trenje, frustraciju, nervozu i osjećaj da ništa ne stižu.

Ljudima kojima struja jaka je, koji u Skladu su sa cjelinom, njima vrijeme kao da ne postoji, jer jedno su sa strujom, energijom planete zemlje i cijelog univerzuma.
Oni u Skladu su, željni, voljni, stvaraju novi, ljepši i bolji život.
Svaki korak, svaki pokret, već to življenje je. Sklad jaka je stvar.

Takav čovjek ne žali za izgubljenim vremenom i nikada neće da žali jer za njega ništa nije izgubljeno. Ispunio mnogo je želja, sebi, drugima i čovječanstvu.
Živio bogatstvo je života.

Ovdje ne pričam samo o materijalnom bogatstvu, jer bogatstvo života nije samo materijalno bogatstvo.
Bogatstvo cjelina je, življenje života.
Materijalno bogatstvo dio cjeline je.

Istinsko bogatstvo života je življenje, duše igranje, ljudskog bića doživljavanje, stvaranje, druženje, istraživanje, zahvalnost i ispunjenost svakog dana, svakog trenutka, svakog pokreta i daha.

Kao što ništa nije ni loše ni dobro, tako ništa nije ni brzo ni sporo, ne postoji gore i dolje, više i niže, prije ili kasnije.
Jedno smo.
Sada.
Jedan smo život, jedna kreacija, jedna nacija, jedno postojanje, jedan korak, jedan dah, jedno biće.

Kada u Skladu si, vrijeme ne postoji.
Kada ti se negdje žuri, kada žuriš ili kada čekaš i očekuješ, tada nisi u Skladu.

Kada u Skladu si „ne trebaš" da žuriš,
kada u Skladu si, tada ne čekaš,
tada „ne moraš" da budeš strpljiv.

U Skladu si.
To je.
Tu si.
Sada to je i sada tako je.
Idući pokret u idućem trenutku je ili nije.
Tvoja žurba, guranje, čekanje ili strpljenje ništa ne mijenja.
Tu si i život je.
Pričam o postojanju, pravom postojanju duše, tijela i uma, a ne samo uma.
Pričam o postojanju, pravom postojanju, duše, tijela, uma, stvarstva. Postojanju kao cjeline.

Kada rascijepite se, tijelo tu je, a mislima negdje drugdje ste, tada nesretni ste, nezadovoljni i možda nervozni.

Čemu, da li to čemu služi?

Ako služi - dobro je, a ako ne služi sve pusti, popusti, opusti i u potpunosti tu gdje jesi budi.

Slabost ili bolest?

Šta je slabost, šta je bolest?
Slabost ili bolest posljedica je iskrivljene slike i ponavljajuće radnje osnovane na Malog Uma LJudskog percepciji, posljedica gledanja života kroz nesklad i kroz mali, mnogo premali objektiv. Ta mnogo premala slika stvori način djelovanja i življenja koji boli, iscrpljuje biće i nanosi štetu.

Kao da vozite automobil sa zamagljenim staklima i imate limitiranu vidljivost, gledate samo kroz jednu malu rupicu na prednjem staklu, ne vidjevši ni cijelu cestu, a ni okolicu. Zamagljenošću svih stakala ni vidljivost kroz bočna ogledala nije vam dostupna, pa tako vozeći i mijenjajući trake nanosite štetu i svom automobilu i svakom drugom vozilu.

Vi to nazivate ovisnosti, slabosti ili bolesti.
Nisu to „vaše" ovisnosti, nisu to ni „vaše" bolesti, već takvim gledanjem postaju ponavljajuća djelovanja i posljedično postanu „vaše" slabosti.

Do nas je kako čistimo i njegujemo naša vozila - naše tijelo i naš um.
Upoznajte sebe i vidjeti ćete da „to" nije tko vi ste.
Imate slobodu i volju, uvijek, uvijek i uvijek, živjeti u Skladu sa svojom unutarnjom slikom.

Slabost, bol i bolest posljedica su načina življenja, posljedica su zamagljene slike jedinstvenog bića, posljedica su usvojenog konstrukta Malog Uma LJudskog.
Slabost vodi u nezadovoljstvo i propast.
Ne sudi, prepoznaj i prihvati.

Primjer: kada stepenica trula je, oslabljena ili slaba, posljedično, jednog dana slomit će se.

Ne sudimo stepenicu, služi dok služi, već samo sagledamo stanje i kažemo: „Popravak potreban je. Kako može bolje? Možda nova daska i neko ojačanje.“

Zašto?

Ako se ne popravi ta jedna stepenica, ta jedna daska trula, kada popusti i propadne, noga će da se povrijedi. Ta noga, tog bića povreda, dotaknut će i zaboljeti i dalje, možda njegovu porodicu, djecu, njegov rad, bivanje, život. Tako to ide.

Bilo koji pokret, pokret cijelog je univerzuma.
Svaki pokret val je, val koji dotakne i najdalju obalu.

Zato su slabosti važne da se pogledaju, da se sagledaju, saslušaju, prepoznaju i poprave, jer jednog bića slabost jedan val je, koji dotaknut će svakog pojedinca i od pojedinca do pojedinca, cjelinu stvarstva.

Ako misliš da nisi važan, varaš se.
Važan si, Val si.

Sagledaj i svoje življenje pogledaj.
Da li val je stvaranja ili val je razaranja?

Jednostavnost življenja

Biti pozitivan ili negativan, ni jedno ni drugo nije istina.
Gluma je.
Potreba Malog Uma LJudskog je za pažnjom.
„Pozitivan - Negativan" neprirodno stanje bića je.
Tako je, kako je.
Ne željeti vidjeti, čuti ili prihvatiti ne mijenja šta JE.
Biti pozitivan kada žalostan si, šta to znači?
To nasilje nad istinskim stanjem bića je.
Biti ozbiljan kada veselo uzbuđen si, pa isto tako.

Kada nešto nije tako kako bi mi željeli, tada Mali Um LJudski nađe načina da preokrene sliku. Uveličava sa pozitivom ili brani se sa negativom, a sve to samo zato jer ne prihvaća to što je i kako je.

Kada se ne gleda i ne pridaje važnost samo vanjskom, površno - površinskom življenju, tada sve lako se i jasno vidi; vidi se i dar i čar i blagoslov svake situacije i svakog bića koje na našem putu je - tu za nas, s nama. Sve tu je da nama pokazalo bi kako dalje.

Jednostavnost življenja znači prigrliti život, sve točno tako kako je, a tada i tek tada taj dah i taj korak putovanje svjetlosti je.

Uzbuđenje

Šta uzbuđuje te, šta škaklja te, šta život u tebi budi?

Da li to grad je, buka, muzika, brzina, kretanje, neprestano kretanje? Da li to život u tebi budi?
Ili život u tebi budi se u tišini, u mirovanju, u samoći i daleko od svega?

Da li ponekad osjećaš se više živ
u gradu velikom,
a ponekad daleko, daleko
u selu malom?

Da li jedno je, da li drugo je
ili jedno i drugo je?
Ili ponekad ovo je, a ponekad ono je.

Ni jedno ni drugo, niti bolje je niti lošije je.
I jedno i drugo i treće, i petnaesto i peto, i sedmo i šesto,
bilo koja opcija ni loša ni dobra je.

Do tebe je da čuješ svoj unutarnji glas,
da čuješ šta u ovom trenutku potrebno ti je za Sklad,
da li gibanje ili mirovanje,
da li stvaranje ili odmaranje,
da li muzika koja uspavljuje te
ili muzika koja tutnji i tjera svaku tvoju ćeliju u akciju.
Šta to je što tvoje biće pokreće,
pali vatru u tvom srcu i tijelu
i životu daje život?

Što čovjek više otvoren je, opušten, razigran i lagan, sve lakše je, jer ne gleda, ne uspoređuje i ne sudi ništa vanjsko, ne prilagođava svoju jedinstvenost i istinu ničem vanjskom.

Lagan i jednostavan čovjek zna kada i gdje mjesto mu je i Sklad.

Sve ostalo: „trebati", „morati", „ne smjeti" svakako je nešto izmišljeno i tuđe.

Posvojeno mišljenje prazno je, nije istinski dodirnuto svjetlošću duše tvog jedinstvenog ljudskog bića.
Zato brižno prati šta biće tvoje osvjetljava, ispunjava i raduje.

Želja življena

Samo riječi ponavljati, želje zamišljati i propovijedati, nije dovoljno da stvorila bi se i živjela realnost i stvarnost te želje poželjene.

Samo riječi dovoljne nisu da želja bila bi ostvarena, jer samo ponavljanje nekih riječi napamet, riječi koje ponekad mogu da budu potpuno prazne, takozvane afirmacije i molitve, dovoljno nije.

Da želja bila bi ispunjena i ostvarena, da čovjek zaživio bi svoju želju, potrebna jasna je slika, naboj, potpuno doživljavanje, djelovanje i življenje te želje već ispunjene.

Jasna slika temelj je.

Čovjek, kada sebe jasno vidi u želji ispunjenoj i kada doživljava sebe u tom životu življenom, tada to i stvori u svojoj realnosti i stvarnosti.

Kada mu novozaželjena želja postane dom, novo prirodno stanje prvenstveno u njemu, tada se život oko njega pokrene sa njim, prateći njegov Sklad.

Način življenja, ljude, situacije, doživljaje, događaje i scene koje mi gledamo i u svom biću zamišljamo, točno to ostvarujemo, živimo i stvaramo. Sav život prati naš Sklad, našu unutarnju sliku i bića našeg stanja.

Za neke ljude ovo teško je prihvatljivo, posebno kada se nalaze u neprijatnoj situaciji.

Ne pričamo ovdje o krivcu i ne sudimo, već spoznajemo da animacija i zanimacija ovog svijeta i vidljive materije osnovana je na, mnogim ljudima, nevidljivom mehanizmu.
Naša pažnja vodi nevidljivu supstancu u formu.

Struja - energija - život - duša i privlačnost - magnetizam, iako mnogima nevidljive, istinski su postojeće, žive sile.
Zato pozivam vas da s velikom pažnjom oblikujete energiju kao da oblikujete glinu.

Tvoj jedinstveni ritam

Nema prebrzo ili presporo.
Šta prebrzo ili presporo znači?
Znači da gledaš van sebe i uspoređuješ se s nekim ili nečim.
Čim osjetiš tako nešto, udahni i izdahni, poravnaj u Sklad se.
Dah važan je.
Dah jedini najvažniji je.
Tu Sklad ti je.

Kada svatko je svoja kombinacija boja i jedinstveni ritam,
i kada svatko svojim putem sa zadovoljstvom putuje,
tada i Sklad cjeline najskladniji je.

Tada i tako stvaramo predivnu veliku sliku.
Ako svi komadići slagalice isti su, kakva će nam slika biti?
Ako nam je svima životni ritam isti, kakav dosadan života ples će
to biti?

Što više melodija i boja, formi i razigranosti, to ljepša i živahnija
će zajednička slika biti.

Nije istina da moramo svi isti biti.
I nije ni istina da moramo svi drugačiji biti,
jer nismo ni isti, ni drugačiji.
Jedinstveni smo.

Svjesno i odlučno koračajte svoj put

Da li su ljudi koji imaju novac hladni?
Nisu, a mogu da budu.
Da li su ljudi koji nemaju novac dobri ljudi?
Nisu, ali mogu da budu.
Da li su ljudi koji imaju novac dobri ljudi?
Jesu, ne svi i ne mora da znači.
Da li su ljudi koji nemaju novac dobri ljudi?
Jesu, nisu, može i ne treba da znači.

Šta znači dobri ili loši ljudi?
Čovjek je kakav je.
Imao novac ili nemao, bio oženjen ili ne, s djecom, bez djece, čovjek je takav kakav je. Veliki je to sud, teške i neistinite predrasude, suluda mišljenja i vjerovanja, a ponajviše veliki teret za ljudsko biće.

Da li je čovjek koji voli saditi cvijeće, slušati muziku, baviti se sportom, haljine šivati, svakodnevno družiti ili u samoći bivati, dobar ili loš?
Otarasite se misli dobar ili loš čovjek.
Čovjek je kakav je.

U djela gledamo i kažemo, ovo dobro je djelo, a čak ni djelo ne priča o čovjeku da li je dobar ili loš, samo djelo je takvo kakvo je. Oduzimajte, oduzimajte i oduzimajte te silne naljepnice, mišljenja, vjerovanja, titule, predrasude, objašnjavanja i prigovaranja.
Zatvorite ta vrata, sebi prvenstveno.

Stvarajte, stvarajte nešto lijepo. Izađite u susret nekome, podružite se, podržite se, popričajte, uljepšajte nekome dan uživajući u svom danu.

Šta dobro je i šta loše je i sve ostalo, sav ostali teret i svu prljavštinu koja se stavlja na ljude i na čovječanstvo, pustite. Dosta je. Vrijeme je da se stane, jer ne vodi to nigdje.

Vodi, naravno da vodi negdje, ali ne u ljepši i bolji život svakog pojedinca i čovječanstva.
Preokrenite svu tu zabludu, strah i mržnju, preokrenite, zatvorite ta vrata zauvijek, u sebi prvo, okrenite se u novom pravcu i stvarajte.

Družite se, opustite se i srce svoje otvorite.
Odmorite se, podružite se i onda ponovo stvarajte, s lakoćom i sa zadovoljstvom.

Pratite svoj jedinstveni put svjetlosti.
Hodajući putem svjetlosti imat ćete snagu, energiju i zdravu volju, koračati ćete lakše, brže i veselije, jer put svjetlosti laganiji, zanimljiviji, ljepši i bolji je.

Ne brinite ako odmah ne vidite rezultate kakve ste si zamislili, znajte da struja uvijek tu je, napaja i hrani vas i vaše misli.
Zato važno je da svjesno gledate, imate jasan cilj i jasnu sliku, jer to što gledate - napaja se.
To što gledate, tome dajete život, to o čemu pričate i razmišljate, to čemu dajete pažnju, dajete i život. Što više budite svjesni toga.

Zahvalite se stvarstvu, sebi i biću koje ispred vas je. Zahvalite se.
Nije važno čemu zahvala je, važno je da zahvalni ste, jer izvor svega u vama je - izvor svega.

Nastavite gledati jasnu sliku i samo jasnu sliku.

Kada živite oslobođeni od vanjskog valovanja,
kada dešavanja oko vas više ne ljuljaju vaše stanje,
tada patnja staje.

Stanje vašeg bića, do vas je.
Vaša stvarnost i vaša realnost, to vaše stvarstvo je.
Znajte uvijek tko ste, kako ste i zašto ste.
Živite jasnu sliku i to je to.

To vaš je život. Jedinstveni. Jedan jedinstveni. Živite ga.

Novac je kao cvijeće

Novac je kao cvijeće, novac je kao cvijeće.
Novac je kao cvijeće, novac je kao cvijeće.
Novac je cvijeće, novac je cvijeće,
ovo formula je materijalnog dobra i stvaralačke sreće.

Znam da nekima od vas ove riječi, ova postavka nema smisla.
Nekima od vas zvuči čista istina, poznato, jasno i jednostavno.
Novac je kao cvijeće, novac je kao cvijeće, novac je kao cvijeće,
novac je list papira.

Ako vam ovo sada nije jasno, to je jako dobro jer oduzimamo,
oduzimamo, oduzimamo, oduzimamo da bi mogli zbrajati.
Šta oduzimamo?

Mentalne forme, vjerovanja, naboj do novca koji ne služi više,
koji zdrav nije, koji ne služi i ne samo da ne služi nego doprinosi
„nemanju".
A to „nemanje" proizlazi i posljedica je naboja i vjerovanja,
rezultat teških je i zastarjelih mentalnih formi.
Ako i kada nešto zdravo nije i ne služi više, tada prvo
oduzimamo, oduzimamo, oduzimamo, da bi mogli zbrajati.

Nova postavka: novac je kao cvijeće, novac je kao cvijeće, novac
je cvijeće, novac je list papira, ptica, oblak i zalazak sunca.

Važno je da kada nešto želimo da živimo, osjećaj toga
doživljavanja daruje prijatnost našem biću.

Novac je kao cvijeće, novac je kao cvijeće, novac je cvijeće,
novac je čist list papira koji poziva na pisanje, ptica u letu, jastuk

mirišljavo mekan, miris svježe kuhane kave u rano jutro, gutljaj hladne vode na vruć dan.

Nisu samo danas takva vremena, uvijek bila su „neka vremena" i uvijek biti će.
Uvijek bilo je svega i uvijek biti će svega: patnje, bolesti, bolovanja i boli, žalosti, tugovanja, nemanja, ali isto tako i zdravlja, ljepote, dobrote, ljubavi, mira i imanja.

Imati i živjeti. Kako sada, kako imati?
Tako: ljubav je kao cvijeće, zdravlje je kao cvijeće, novac je kao cvijeće. Saditi, gajiti, graditi, raditi, putovati, družiti se, stvarati, prijatno je i lijepo kao cvijeće.
Zdravlje je kao cvijeće, kao cvijeće, kao list papira, kao mali bijeli oblak na vjetru, kao predivan zalazak sunca jarkih boja.
To novi zapis je, formula i novo znanje, to srž stvaranja je i života življenja.

Ne borba, ne otpor, ne osuđivanje, ne prokletstvo, ne ogovaranje, ne prigovaranje i definitivno ne svatko za sebe - ne takvo stvaranje; već ljepota, dobrota, ljubav, zajedništvo i zadovoljstvo stvaranje.

Kako imati? Tako.
Disati, hodati, kretati se i živjeti u Sklada stanju bića.
Svaki dah, svaki korak, svaki dan osluškujući vodstvo stvarstva i uvijek nastaviti hodati s lakoćom.
Na tom putu naravno da biti će svega, zato što sve postoji,
a ti uvijek u Skladu stoji.

Ne pridajte pažnju već zatvarajte vrata svemu onome što ne podupire i što nije doprinos ljepšem i boljem življenju, zatvarajte vrata crnim mislima, strahu, borbi i osuđivanju.

Kada naiđu takve misli, samo budite svjedok. Dođu, prođu. Samo valovi su. Samo oblaci u prolazu su.

Možda žustro zatvorite vrata, možda se samo lagano okrenete i pođete u novom smjeru jer znate da vas duša vodi, znate tko ste, kako ste i zašto ste.

U izazovnim ili vama teškim trenucima, samo pomislite i kažite sebi: „Oh, ova misao meni sada ne prija, puštam je da prođe i idem dalje birajući novu, ljepšu, prijatniju misao."

Nije potrebna ni borba protiv takvih misli, ni objašnjenje, ni sebi ni drugima.

Samo jedan je trenutka tren svjedočenja u prolazu.

Novac je cvijeće, novac je cvijeće, novac je list papira
koji doprinos je dobrote, lakoće, zajedništva, ljepote i mira.

Sa zadovoljstvom stvarajte

Stvaram. Stvaram.
Sprovodim struju, vodim čestice u formu, Stvaram.

I tako stvaram brojeve, pet brojeva, petnaest brojeva, dvadeset pet brojeva, dvjesto pedeset brojeva, sto pedeset brojeva, dvije hiljade petsto brojeva, pet hiljada sedamsto brojeva.
Tako naziva se igračka i igra čovječanstva ovog vremena.

Stvaramo, sprovodimo struju u riječi, u slova, u brojeve, u forme i tako izmjenjujemo brojeve, forme, slova, izmjenjujemo, izmjenjujemo, stvaramo, stvaramo, izmjenjujemo.

Netko riječi za brojeve,
netko brojeve za riječi,
netko brojeve za papir,
netko papir za riječi,
netko riječi za papir,
tako to lagano je.

Maknite „novac" riječ,
maknite „ljubav" riječ,
sve to postavke Malog Uma LJudskog su,
težine, provalije, traume, kočnice.

Pustite sve to,
slobodno dišite,
hodajte, živite i
sa zadovoljstvom stvarajte.

Stvarajte strujom, elementima stvarajte formu.
Kakva sreća i zadovoljstvo, živjeti i stvarati.

Zato maknuta je i mijenjana forma novca, zato nova forma.

Nova forma, nova postavka, novi oblik jer stara postavka postala teška je.

Novac sjećanja nosi, novac ispunjen mišljenjima i vjerovanjima je - Mali Um LJudski dao mu je težinu, neprijatna sjećanja, i previše različitih vjerovanja.

Zato nova postavka, zato brojevi samo, jer papiru Mali Um LJudski dao je težinu koja nije istina, a ta težina koči, i ne samo da koči, već potapa ideje i lakoću stvaranja, guši inspiraciju i slobodu bivanja i življenja.

Ljepota života

Novac je kao cvijeće,
list papira i drveće.

Zavoljeti cijelu kreaciju,
voljeti svaku naciju,
šumu, vjetar, plavu pticu,
princa i lutalicu.

Zavoljeti prosjaka,
kao i malog đaka,
policajca i noćnu damu,
svjetlost i tamu.

Tko šta na glavi nosi,
sa čime se ponosi?
Kakve zvukove daje
i za čime se kaje?
Čemu se smiješi,
gdje i kako griješi?
Kada se njiše
i kako diše?

Jedna kreacija,
jedna nacija,
jedno svijetlo i tama.

Čemu daješ važnost,
kome daješ snažnost?
Tko vlada,
a tko strada
i da li?

Da li je to što ti vidiš i gledaš
i to čemu se ne daš
i to čemu se predaš,
da li je stvarna istina
ili iluzija nevažna?

Samo živi
i životu se divi,
što više i jače možeš.

Predaj se.
Ne daj se.
Živi ljepotu, dobrotu, ljubav, mir i bogatstvo.

Prati zov duše svoje
tu ljubav je, ljepota i bogatstvo sve tvoje.

Jedno stvarstvo

Kada jača se snaga tijela samo, a ne i uma, to biće ne razvija se.
Kada jača se snaga uma samo, a ne i tijela, to biće ne cvjeta.
Kada duša nije ispoštovana, tada čovjek uistinu ne živi.

Običnim ljudskim očima izgleda kao da stvari nisu povezane, ne samo u jednom biću, već i oko njega - a to istina nije.
Sve jedno je: jedno biće, jedan dah, jedna struja, jedno tijelo, jedno stvarstvo.

Što više sve gledate kao cjelinu, kao dio vas ili vi dio svega, mnogo lakše biti će vam živjeti, mnogo lakše i ljepše.
Dobrobit vama, dobrobit svima.

Kada nešto gurate od sebe tada razdvajate se, gurate od sebe i razdvajate se od sebe, od stvarstva, od života i od cijelog postojanja.
Nemojte gledati sebe, svijet oko sebe i stvarstvo samo ljudskim očima, već gledajte očima duše; gledajte dublje, šire, jasnije i svjesnije.
Jedno je Postojanje.

Pažnja

Pričate o svijesti, o širenju i razvijanju svijesti. Svijest JE. Postoji. Energija, materija, struja, život, stvarstvo - Postoji.

Sebe pratite, a ne „tamo" nekoga ili nešto.
Da li ste vi svjesni bića svog postojanja, života?

Važno pitanje je u šta sprovodimo struju i šta to mi u stvari hranimo, njegujemo, širimo, jačamo, razvijamo, doživljavamo i živimo; to važno je, šta jačamo, šta svijetlimo i osvjetljavamo, čemu pridajemo pažnju, jačinu i važnost.

Jaka struja bez jasne slike igra vatrom je.
Znajući čemu dajemo pažnju, važnost, snažnost - životnu energiju - struju, svakog pojedinca najveća je dužnost.
Pojasni svoju sliku prvenstveno.

Znati tko smo, kako smo i zašto smo to naša je, ljudskog bića, zadaća i svrha.

Živjeti, disati, hodati, spavati, raditi, družiti se, zadovoljavati sebe i druge, sve to iz jasnog stanja, to znači jasna slika; sve životne aktivnosti živjeti iz jasnog stanja.
Da li je to stanje Sklada ili je to stanje Malog Uma LJudskog?
To važno pojasniti je, to stanje ponajprije.

Kada dajemo struju, energiju i pažnju duši, ljepoti, dobroti, zajedništvu, bogatstvu, ljubavi, miru, zdravlju, zadovoljstvu, darivanju, posluživanju i zahvalni smo već postojanju samom, tada pojačavamo postojanje svjetlosti duše i takvog življenja.

Kada pridajemo pažnju strahu, borbi, otporu, neznanju, bolesti, nezadovoljstvu, takozvanoj igri Malog Uma LJudskog - jačamo to.

U M.U.LJ-u prljamo i blatimo se, tonemo u tami živog pijeska, za dah i goli život borimo se, u crnoj rupi bez dna gubimo predivne trenutke najvećeg bogatstva, a to dar života i ljudskog življenja je.

Svjesno življenje i jasna slika formula za lagodan i prijatan život je, stoga stanje bića svoga uvijek pratite, misao svoju s pažnjom ispratite.

Ljudsko biće uistinu živi samo kada ima jasnu sliku i kada staloženo hoda prateći svoju liniju života.
Stabilan čovjek osluškuje glas duše, koja uvijek osvijetli i njemu najnepoznatiji životni put.

Da bilo šta ostvarilo bi se u životu, ljudskom biću potreban je naboj, pogon, snaga, energija i struja, koja tu za sve nas je, uvijek.

Kada struja jaka je, a pažnja rastresena na sve strane, žurba i borba Malog Uma LJudskog uključena, tada ispunjenje i ostvarenje bilo čega drugog, željenog, gotovo nemoguće je.

Kada struja slaba je i pažnja uspavana, tada stvaranje gotovo nemoguće je.

A kada u Skladu ljudsko biće postoji i živi,
tada sa zadovoljstvom stvara,
a svaki korak žarko velikog je slada.

Univerzalni Jezik

Univerzalna Inteligencija - Univerzalni Jezik,
jedan jedini zajednički jezik, dostupan svima je.
Kada čovjek u Skladu je, komunikacija laka je i sve jasno je.

Ljudskom biću u stanju Sklada druženje zadovoljstvo je, viđenje
cijelog univerzuma i svijeta oko njega lako je, stvarstvo tada
njemu postane čujno i ćutno; sve baš sve tada jasno i glasno je.

Biću Sklada dostupni opisi su, slike, vizije, snovi, ideje, misli,
osjećaji, tjelesni podražaji i riječi, ali čak ni to sve dovoljno mu
nije da opisao stvarstvo bi, istinu postojanja i življenja.

Isto kao čovjekov Sklad tako i Ne-Sklad, STANJE BIĆA u
kojem trenutno nalazi se, jasno vidljivo i lako čitljivo je čak i bez
ijedne njegove riječi progovorene.

Čovjekov Sklad, nesklad, postavka, stav i način življenja vidljiv je
već i u samom tijelu; kada stoji, kako hoda, sjedi, diše, sluša i
gleda, sve vidljivo, lako i jasno je - uvijek.
Sve vidljivo je. Uvijek.
Oni koji misle da nije, Malog Uma LJudskog varku žive.

Univerzalna komunikacija laka i jasna je.
U Skladu čak i tišina i mirovanje bića priča.
Svaka energija i materija čujna je i ćutna onome tko u Skladu je.

Potrošnja života

Nemoj pokazivati, dokazivati, objašnjavati i priče pričati koje ne služe ostvarenju tvojih snova, želja ili za ispunjenje tvojih životnih ciljeva; gubljenje je to, ne samo vremena i energije, već vrlo bitno, životne snage. Ne upuštaj se u priče koje ti ne služe.

Pričanje, prepričavanje, objašnjavanje i dokazivanje nečega što nezdravo i neprijatno je, veliki gubitak struje je i životne snage jednog čovjeka.

Kada ljudsko biće istroši snagu svoju na zanimacije, misli i osjećaje, Malog Uma LJudskog drame, sve tada postaje mnogo teže, bolnije i nezadovoljnije.
I zdravlje i življenje oslabi, jer istroši se struja, oslabi biće pa tako nema snage za dalje, za bolje; nema moći za stvaranje.

Vaša struja, vaša životna snaga važna vama za stvaranje je, ne samo za življenje, već za stvaranje novog, ljepšeg i boljeg življenja.

Sprovodite s velikom pažnjom struju i životnu snagu svoju.
Pustite misli i odživljene doživljaje, a ponajviše one koji ne služe vam više; ne prepričavajte neprijatnosti, ne povraćajte da ponovo pojeli bi nešto što već i po prvi put jedva progutali ste.

Kada ili žurite ili čekate, u dvije velike krajnosti živite, velika i ekstremna njihanja to su, veoma iscrpljujuća i prenaporna za tijelo ljudsko.
Tako nikada nećete moći odmoriti se, jer kada imate snagu, „žureći" prevelikom brzinom potrošite je na sto strana, a kada snaga potrošena je, šta tada?

Tada želite nadoknaditi je spavanjem i hranjenjem, a to sve varljivo je, to „odmoreno" i „nahranjeno" stanje, jer u takvom umornom i oslabljenom stanju druga krajnost „čekanja" lako primami.

A životna hrana, snaga, struja i odmaranje tu su, u unutarnjem miru i zadovoljstvu, u opuštenom, staloženom stanju bića koje u skladnom gibanju sa životom stvara i u Skladu odmara.
Izvor moći u razigranom življenju na valovima života je.

Strah ili Sklad -
Dva to su svijeta različita

Šta strah je?
Čovjek kada kaže: „Mene strah je", to zabluda je.
„Strah", samo neka riječ je, posvojena i pripisana nekoj vibraciji i senzaciji u tijelu, samo trenutno spoznanje neke vibracije i senzacije je.

Kako se čovjek ili bilo koje živo biće kreće kroz prostor, otvoren ili zatvoren, on osjeća vibracije, koje postojeća su forma, iako mnogima nevidljiva.

Nije strah u čovjeku, ne nosi čovjek strah u sebi, već kada prolazi kroz „prostor" iščitavajući podražaje percepcijom Malog Uma Ljudskog, koji kaže „strah", ujedinjuje s dimenzijom straha se.

Nije „njega strah", već iščitana je energija tijelom ili samo mentalna percepcija nepoznatog, nikad prije viđenog i doživljenog, ili možda viđenog i doživljenog na neprijatan način.

Nalazeći se tako u toku i na valovima života, a ne biti svjestan i prisutan u dahu i tijelu, čovjek lako ponijeti i utopiti se može u Malog Uma Ljudskog dimenziji straha; u toj gustoj dimenziji nevidljive maglene iluzije.

Zato lagano i vješto plivajte svjesni vibracija.
Samo je vibracija, samo trenutna je tjelesna senzacija.
Samo sjećanje je možda jednog neprijatnog doživljaja.
Samo trenutna je vaša nestabilnost i nesigurnost.

A sada novi je trenutak,
novi je dah,
novi je dan,
nova je situacija,
a samo slična vibracija i senzacija.

Kako živjeti drugačije?
Drugačije prvo u vama je.
Kada vi život ugledate drugačije, iščitate i prepišete na novi
način, doživljavanje života drugačije je, na novi način.

Umjesto drmajući se zbog struje i valova, ili s vibracijama i
tjelesnim senzacijama - samo vraćajte se u dah, prazninu, mir,
tišinu i Sklad bića svoga.
U Sklad tko ste, kako ste i zašto ste.

Kada Sklad ste, nema vibracije, senzacije i situacije, koja imati će
utjecaj na vas, vaš život i na vaše stanje bića.

Kada biće u Skladu je, staloženo i stabilno, tada samo prepozna
vibraciju i senzaciju i korača jednostavno i lagano svojim
životnim putem i putem duše.

Jačina duha
Jačina života

Fizičko tijelo i um ljudski, misliti i raditi, limitirano je.
Sam um gotovo ništa je.
Samo tijelo gotovo ništa je.

Kada čovjek sluga je tijelu i umu, nevažno je koliko znanja i moći
ima u umu ili u tijelu, limitirano je i nevidljivo to življenje.

Šta ustvari jačina života je, šta ta nevidljiva Niagara je koja struji i
takvom jako nježnom jačinom teče kroz nas?
To nešto dublje je, veće i jače od bilo kakve zemaljske sile.

To nešto dublje, veće i jače,
neobjašnjivo Malim Umom Ljudskim je,
neopisivo običnim riječima ljudskim je,
i dobro je tako, jer život vječna čarolija je.

A šta život bio bi bez nepoznatog i čarobnog?
Bio bi dosada; sve poznato, shvaćeno i objašnjeno.
Život bio bi tuga i jednoličnost.

Čarolija duše, nekog veličanstva, nevidljive sile, to čar je kojeg
svako biće zna, ali ga svako biće i ne prepozna.
Ne, nije intuicija i ne, nije duša i ne, nije ništa nama poznato.
Niti je vanjsko, niti je unutarnje, niti je u čovjeku, a niti je
vanzemaljsko, već je sve.

Da bi čovjek prepoznao tu višu inteligenciju i nepoznatu snagu,
jedinstveno stanje bića potrebno je - Sklad.

A to stanje moguće samo doživjeti je, ali ne i objasniti, ne može se učiti ni naučiti, ne može se ni kupiti.
Baš zato Sklad najjača sila je.

Svatko može ga doživjeti i živjeti, prirodno je to stanje. Neki ljudi lakše, a nekima to životni je cilj i cijeli život posvećen tom jednom je cilju, da bi se iskusio taj jedan trenutak i to stanje, to jedinstveno stanje Sklada, blaženosti i jedinog pravog orgazma.

Kao i sve ostalo u univerzumu, na površini ljudskog uma izgleda kompleksno i zahtijevajuće, a najprirodnije to našeg bića je stanje.
Naše biće poznaje to prirodno stanje, stanje čiste svjesnosti i svjetlosti, jedninu i cjelinu.

Zbog toga mnogi ljudi nesretni su, nezadovoljni i neispunjeni, jer sjećaju se tog stanja, znaju da nešto više i jače i bolje postoji, ne samo za njih kao pojedince, već za cijelo čovječanstvo i za cijelo stvarstvo.

Život Sklada jednostavan je, mnogo življi, a time i snažniji, a kada čovjek jači je, tada cijeli njegov život totalno i kompletno drugačiji je; a kada njegov život živahniji i jačinom duha obogaćen je, tada ojačan i obogaćen je i život ljudi oko njega.

Jačina duše

Čemu ovo druženje, znanje i spoznanje,
čemu pozivanje u Sklada stanje?
Šta to znači kada kažem, za novi, bolji i ljepši život, za stvaranje?

Ovo znanje nije nešto da se samo nešto zna,
ovo druženje nije nešto da se samo Mali Um LJudski zabavlja.

Svrha ovog druženja i iščitavanja je, šta god da je sada u ovom
trenutku, da čovjek zna kako da ophodi se na bolji i ljepši način
kada nađe se u njemu neželjenoj ili neprijatnoj situaciji.
Svrha je bolji i ljepši život.

Ne samo stvaranje u smislu, sada svi moramo nešto smišljati,
izume nove sklapati, kreirati i „manifestirati" nešto novo što ne
postoji.

Ne, ne pričamo o tome, već pričamo o življenju, o prirodnom
stanju, o jedinstvenosti i jednostavnosti svakog bića, pričamo
kako da ophodimo se sa životnim situacijama koje nisu kako bi
mi željeli i kako smo mi planirali.

Ovo važno je za sva vremena jer svijet, ljudstvo, stvarstvo,
okreće se i pokreće se sve većim brzinama i sve jačom snagom.

Svi mi, ako sada ne pojačamo taj unutrašnji mišić, jačinu duše i
svjetlosti u svakom od nas, patit ćemo svakodnevno, zato jer
svijet vrti se, život pokreće i okreće se, prihvaćali mi to ili ne.

Ne možemo zaustaviti ništa i ne možemo promijeniti ništa, osim
pojačati snagu svoje svjetlosti, svoje duše, svoje unutarnje snage
koja uvijek vodit će nas po najboljem mogućem putu; snaga koja

služit će, ne samo nama u svakodnevnom životu i u različitim situacijama, već će biti doprinos i dobrobit i svim ljudima oko nas i cijelom čovječanstvu.

Vođeni kojom silom?

Vođeni emocijama, ako i kada vođeni samo emocijama smo - Malim Umom LJudskim, tada ćemo uvijek, ponovo i ponovo, samo ponavljati već sve doživljeno i proživljeno.

Da li to doživljeno ružno ili lijepo je, dobro ili loše, prijatno ili neprijatno, lako ili teško, to sve nevažno je. Prvenstveno važno je da svjesni smo i da prepoznajemo da ponavljamo.

Dok god vođeni smo emocijama i „mislim, mislim" mislima, zapleteni na površini življenja smo, tada ili patnja ili sreća, ljubav ili strah, istiniti nisu. Ni mir nije pravi.

Takva površno površinska stanja ne vrijede nam puno, da ne kažem ne vrijede ništa, jer na površini življenja Malog Uma LJudskog uvijek prisutna su neka dramatična dešavanja koja drmaju naš organizam i stvaraju nezadovoljstvo i bolesti.

Kada stabilnosti i staloženosti nema, jasne slike tko smo, kako smo i zašto smo, tada neminovno je da će igre i zanimacije Malog Uma LJudskog naći načina i potrošiti našu životnu energiju i bića snagu.

Život tako prođe u neprestanoj borbi, nezadovoljstvu, drami, nesigurnosti i nestabilnosti, pukom željom Malog Uma LJudskog da spasi „nešto važno" - lažnu sliku sebe, vječno tražeći mir, ljubav, stabilnost, slobodu, ljepotu, dobrotu i ostvarenje. A to uzvišeno - Sklada stanje bića ne može se „naći", sigurno ne tražeći ga tom, Malog Uma LJudskog postavkom koja dovela je čovjeka u to napeto, bolesno, neprijatno ili neželjeno bivanje.

Život svjetlosti i jarkih boja, prisutnost neizmjerne ljubavi duše, a ujedno jačine duha i jasnost uma, stanje je koje svi traže i žele, Sklad bića je za čime svi čeznu.

Sve tu je. Postoji.
Život isti svima dan, struja ista svima dana,
slobodna volja i izbor svima rođenjem darovan.
Svaki čovjek bira svoga bića stanje i svoje putovanje.

S ljubavlju nježno ispratite svoju misao,
sagledajte svoju sliku, svoje stanje i svoje putovanje.

Nikog ne krivi, ne sudi i ne kudi,
već Sklad, ljubav, mir i svjetlo budi.
Nije grijeh drugačiji biti,
grešno je svoj jedinstveni sjaj ne podijeliti.

Kontrola, borba ili sloboda bivanja

Borba postoji od pamtivijeka, ali zar nije došlo vrijeme da prestanemo da se borimo?

Da li borimo se za nešto ili borimo se protiv nečeg, još uvijek u borbi smo. Borba u nama je, borba je tko mi smo.

A dokle god u borbi smo, promjene nema, jer boriti se ili za nešto ili protiv nečeg uzaludno trošenje je životne snage, energije i vremena, jer u borbi samo borba je.
Čemu to?
Privremeni osjećaj pobjednika možda?
Lažno i bolesno je to zadovoljstvo.
Privremeni osjećaj neke pobjede ili promjene, lažno je, lažno.

To što želite svakako ne dolazi iz borbe protiv nekoga, nečega ili za nešto.
Borba dolazi iz nesklada stanja vašeg bića, dolazi iz Malog Uma LJudskog.

Borba u ime ljubavi, vjere ili nacije,
a stvarstvo smo jedne iste kreacije.
Kako?

Vaše stanje bića je vaše stvaranje života i življenja.

Znam da sada imate sto novih misli i pitanja: a kako onda s njim, a kako onda s njom, a kako onda ovo, a kako onda ono?

Dok god držite neku sliku, neku iluziju, dok god držite nešto da bi moralo biti nekako i onako kako vi mislite da mora, imate okove, okove oko ruku, oko nogu, oko vrata i života.

Ratnici ste, a ipak zarobljenici, zarobljeni Malim Umom LJudskim, a u borbi svako biće, svakim dahom i pokretom tone i trune. U borbi život gubi se.

Dokle god se vežete za nešto ili za nekoga i kažete „moje, moj, moja" vezani ste, vezani ste, niste slobodni, vezani ste.

Pa se sad pitate ponovo, a kako onda s njim, a kako onda s njom, a kako onda posao, život, djeca, žena, muž, zdravlje, novac, karijera, a kako?
Jednostavno, lagano, zadovoljno i oslobođeno, život darujte s istom lakoćom kao što Niagara svjetlosti struji kroz vas.

Kada skladni ste, tada jasni, jaki i glasni ste, čak i bez glasa.
Samo bivanje je dovoljno postojanje, tu ni borba, ni uzmicanje nije potrebno, samo postojanje već sve je.

Zato stanjem svog skladnog bića stvarajte novi, bolji i ljepši svijet.

Sjećanje

Kada kažemo „učimo", ne učimo mi ništa novo.

Mi doživljavamo, istražujemo, iščitavamo, prepoznajemo, sjećamo se, prosljeđujemo, zapisujemo, darujemo i prigrljujemo.

Sve znanje u nama već je, prirodno je to naše stanje.

„Učenje" samo riječ je, i stvarno vas molim da ne slušate, ne samo sada nego nikada, da ne slušate samo riječi.

Riječi samo putokaz su i za nas ljude samo jedan način, jedan od načina komunikacije.

Učenje je sjećanje i druženje.

Učenje je primanje i davanje.

Učenje-Druženje doprinos je; oslobađanje je od okova Malog Uma LJudskog, jedan je od načina da pustimo rigidna i lažna vjerovanja, popustimo barikade i u potpunosti prepustimo se životu, jer život mnogo više je od onoga što mi vidimo, razumijemo i shvaćamo.

Življenje bez daljnjih povreda

Zašto pričamo o Skladu Bića?
Baš zato, da bol bi stao.

Kada mi u Skladu smo, tada naše je bivanje, naša djela, naše ponašanje, djelovanje i življenje u Skladu: u Skladu s prirodom, s ljudima, sa životinjama i s dušama, s materijalnim i nematerijalnim svijetom.
Sklad je Sklad.

A Sklada kada nema, tada doživljavamo život koji povređuje nas i druge, nenamjerno, namjerno, nevažno je, ali tako je.

Poziv u Sklad, poziv je u boljitak za sva bića.

Jedinstveno biće za ljepši svijet

Tražite i čekate spasitelja, i tražite ga u crkvi, u predsjedniku, na
poslu, u porodici, u društvu.
Koga tražite, koga čekate da svoju bi istinu živjeli?
Tko će da vas spasi, podigne ili stvori nešto bolje i ljepše u vaš
život?
Tko to tamo je i gdje?

Spasitelj, učitelj, doktor, trener, pop, šef?
Tko to tamo zna bolje od vas samih?
Tko to tamo od vas može bolje, od vas samih?
Kome pridajete pažnju i dajete moć?
U koga gledate i zašto?
Da vas spasi?

Spasenje, u vama je.
Zdravlje, u vama je.
Bogatstvo, u vama je.
Ljepota, u vama je.
Ljubav, u vama je.
Vi ste.

Vaš jedinstveni životni put u vama zacrtan je,
vaše je pratiti tu mapu, do vas je pretočiti taj čar
i uzemljiti taj jedinstveni, vama darovan, dar.

Pogledajte sebe, saslušajte sebe da znali bi gdje, kako i kada dalje.
U vama snaga je, znanje i moć.
U vama je, za vas, svakome dano, priroeno.
Svako živo biće rođeno je sa darom i sa blagosti čarom.

Nitko bolji i nitko lošiji, po duši smo jednaki, po životnim putevima različiti.

Zajedno smo jači, da.

Zajedno smo jači u jedinstvenosti svakog bića,
zajedno smo jači kada svatko svoju istinu živi
i svoj jedinstveni dah i korak slijedi.

To je „to" spasenje, jačina i snaga jedne duše, jednog ljudskog bića i cjeline jedinstvenosti.

To je „to" življenje i život jer, da, uvijek biti će nepogoda i nestašluka i svega, jer sve postoji, ali i uvijek nečiji doprinos će doprinijeti.

Stoga jačina i snaga u jedinstvenosti je, u Skladu, sklopu čovjeka i duše, a tada i zajedništva.

Živite život željni života

Ne bojte se nespavanja, umora, rada, stvaranja,
doživljavanja i putovanja.
Ne bojte se, ne branite se svega i svačega novog,
nepoznatog, nedoživljenog životnog.
Ne razmišljajte i ne premišljajte, ne sudite, već živite.
Neka vas srce i duša vode,
jer svjetlost vaša put vam uvijek osvjetljava.

Hodajte jako, lako, odlučno, staloženo,
nježno, mirno, ljubavno i moćno.
Hodajte prožeti i ispunjeni svjetlošću jarkih boja, željni života,
razigranih glasova, pjesme, plesa i nježnih dodira.
Veselite se dana ispunjenih tišinom,
veselite se dana ispunjenih žustrinom.

Vi ste ti koji životu dajete život.

Ne čekajte na nikog i na ništa.
Život živi kroz vas, za vas i s vama.
Ne čekajte, ne nadajte se, već poželite, zamislite, zasanjajte i
samo to zaživite i za ništa drugo vremena nemajte.
Živite svoj san, hodajte svoj san, dišite svoj san jer vi ste ti koji
san sprovedete u stvarnost i ideji udahnete i darujete života
realnost.
Vodite ljubav.
Vodite ljubav živeći.
Vodite ljubav sa životom.

Samo lagano vidi i prihvati šta JE

Šta sada i kako kada nešto neprijatno je, nepoželjno, nezgodno, traumatično, možda čak i bolno?

Možda nije traumatično ni bolno, ali neugodno je, neka neprijatna trenutna emocija koju čovjek ne želi da osjeti ili ne zna kako da se s njom ophodi.

Ljudi nalaze mnogo načina da izbjegnu osjetiti, čuti ili vidjeti to nešto što njima neprijatno je, nadajući se da, ne slušajući i ne gledajući šta JE, to nešto nestat će.

Umrtvljivati biće svoje, izmičući pogled ili praveći buku to nepoželjno i dalje bit će tu, jer ti tu si. Tvoja nelagoda i neprijatnost u tebi je, to tvoga ljudskog bića je konstrukt.

Negiranje, ignoriranje i potiskivanje vodi u samouništavanje, jer čak i ono šta nama trenutno neprijatno je i to život JE.

Lažno i nepravedno do svog bića misliti je da spretnost to nekog manevra je od kojega sve nepoželjno samo od sebe nestat će i da tada to šta JE postojati neće.

Radeći to, svi dobro znamo, ništa ne rješava se.

Na primjer, kada mali kamenčić u cipeli žulja, a mi lijeni da stanemo, sagnemo se, izujemo i izbacimo ga; ili cipela kad žulja, osjećamo mi da žulja, ali ne marimo.

Isprva samo mali kamenčić je i malo žuljanje, koje zanemarivanjem postane rana ili bolno veliki žulj i tako danima sprječava i ometa lagodnost življenja.

Tako je i svaka druga nelagodnost kada ignoriramo je, kada nismo pažljivi i pozorni na podražaje i znakove našeg tijela i našeg bića.

To nešto što „žulja" vas, baš tome pridajte pažnju čim osjetite, da ometalo vas ne bi i boljelo još više.

Bez ljutnje, bez greške, bez krivca, bez jada, bez tuge, samo sagleda i prihvati se nelagodnost, smetnja, slabost, nestašluk ili nepogoda.

Prihvati, obuhvati, pa čak prigrli, zavoli i zahvali, nježnošću posvjedoči, tako preobrazi i sa zadovoljstvom dalje kreni.

Pusti, popusti i oslobodi, da tebi život ljepše bi zujao i strujao.

Samo vidjeti jasno i prihvatiti trenutno stanje iako nepoželjno, neprijatno ili bolno, prvi korak je iz neželjenog u željeno, iz neprijatnog u prijatno.

Tako.
Lako.
Idi dalje.

Potreba slabi onoga tko „treba"

Potreba iz „nisam", „ne znam", „nemam" i „ne mogu", Malog Uma LJudskog stanja, potreba za nečim, potreba za nekim, slabost je koja slabi.

Ljudsko biće, postavkom Malog Uma LJudskog, ograničeno uvjerenjem je o „nemanju". Takav način funkcioniranja destruktivan je i ponižavajući ne samo za njega, već za sve u njegovom svijetu i za cjelokupno stvarstvo.

Kada čovjek gleda van sebe „trebajući", nekog ili nešto, tada prazni energiju svog bića, stvara slabost i poteškoće. Njegova snaga od njega tada odlazi i tako nastaje energetska „rupa" i slabost tijela.

Takav način djelovanja uvijek i uvijek ostavlja to biće i dalje željno, nezadovoljno i neispunjeno.

Što veća potražnja i potreba je, tim veća patnja je.

Potreba slabi i onoga tko želi biti „treban"

A za onoga u koga ta potreba usmjerena je, i za njega to teret je, pritisak i iscrpljenje. Takav čovjek nosi teret, osjeća teret i iscrpljen je, a često ne zna zašto.

Zato što „to energetsko stanje", ne može odmoriti i naspavati se. Energija, iako nevidljiva, obuhvaća sve.

Kada kažemo: „ovaj težak je" ili kada osjećamo se lagano i prijatno nakon druženja s nekim, to najprirodniji način je kako prepoznamo s kim družimo se i kakve posljedice druženja će biti.

Kako to riješiti?
Važno prepoznati je i jasno reći: „Ne. Ne, to zdravo nije, hajde da družimo se u zadovoljstvu i s lakoćom."

Olakšanje, lakoća i oslobođenje stvori se kada taj netko tko stavlja potrebu - teret promijeni smjer, kada on okrene se prema sebi, živi i radi svoje i zna da on sam već cjelina je - ne polovina.

A taj netko tko teret osjeća, da ne bi „žrtva žrtvi" bio svim onima koji u njega gledaju, na njega čekaju, teret stavljaju ili ga crpe, traže, žele, taj netko isto tako jasnom pažnjom, odlučno stane u svoj Sklad i pojača svoju struju.

Pojačati svoju struju i raširiti svoje polje, to jedine prave i zdrave granice su. Odlučno, staloženo i smireno koračati putem svojim, zadovoljstvom stvarati i u zadovoljstvu odmarati, doprinos biti, to zdrave granice su, jer ljudi koji teret su ili usisavači nečije energije i nečijeg života postoje, postojali su i uvijek će postojati, zato rješenja nema „tamo kod njih", već kod vas samih.

Zdrava granica je kada svatko u svom Skladu stoji, u prirodnom toku svoga bića, jer samo tada ne može ništa da dotiče ga, boli, smeta, ometa ili slabi.

Zdrava granica je nedavanje pažnje, vremena i životne energije mislima, osjećajima, druženjima, ljudima i situacijama koje crpe energiju ili su teret, ljudima koji rasipaju svoju pažnju i nesvjesno troše energiju, da li emocionalno, mentalno, fizički, novčano, energetski - isto je, teret je teret, crpljenje je crpljenje, rasipanje je rasipanje, jer to crna rupa je bez dna i propast svima.

Uvijek, uvijek i uvijek
ili stvaranje je ili razaranje je,
nema treće.

Energetsko stanje bića

Energetska stanja i energetska polja, osnovni, važni su i sastavni dio svakog bića, a time naravno i svakog ljudskog bića.

Kao što fizičko tijelo stanje je, tako i energetsko polje stanje je.

Kao i fizičko tijelo, tako i energetsko polje može da ima povredu, ranu, smetnju, udubljenje, da bude u stanju bola, bolesti i slabosti.

Znakovi povrijeđenog energetskog polja rasprostiru se od blagog nezadovoljstva, duboke tuge do velike patnje ili ogorčene ljutnje.

Poznavanje energetskog stanja iste važnosti je kao i svako drugo razumijevanje i znanje.

Poznavanje fizičkog tijela stanja, mentalnog tijela stanja, emocionalnog tijela stanja, energetskog tijela stanja INTELIGENCIJA je koja služi sveukupnom blagostanju.

Kada čovjek ima znanje i poznavanje energetskog sistema, i unutarnje i vanjske strukture, jača struktura je cijelog njegovog bića.

Značajnije život drugačiji je kada čovjek razumije inteligenciju energije, jednako važno kao kada razumije inteligenciju ćelija.

Što jače energetske čahure su i stabilnija polja, time čovjek zdraviji, jači i jasniji je, a time i njegovo življenje višeslojno obogaćeno je.

Iako mnogima taj svijet nevidljiv je, nevidljivi kvantiteti, kvaliteti, mnogo toga nevidljivo je. Nevidljiva područja postoje, nevidljivi svjetovi nevidljivi samo onima su koji ne vide, kao što znanje i informacije, nevidljive i nepostojeće, ne postoje samo onima koji ih ne poznaju.

Energetsko silovanje ili
svjesna nježnost

Kada osoba ili glasno ili tiho „gurnuta" je, ljutnjom, frustracijom, neprihvaćanjem ili „pritisnuta", držana, zadržana, na primjer: otporom, neprijatno dugo namjernom šutnjom, možda čak i ne do svjesnog bola, ali pritisak bio dovoljno dug je da bio neprijatan je, ta sila ostane u čahuri, u energetskom polju te osobe koja bila gurnuta je nekim mentalnim uvjerenjem i jakim ubjeđenjem.

Takav doživljaj, iako nevidljiv, povreda je koja ostane u biću i ostavlja neprijatne i nezdrave posljedice.

Takvo ponašanje „silovanje" prvenstveno bića je koje djeluje na takav način, a ujedno i svih osoba s kojima surađuje i druži se. Takvo djelovanje istovremeno i otpor i blokiranje jedinstvenosti je življenja iz Malog Uma LJudskog postavke.

Takozvana „kontrola" grčevito življenje je iz limitirane svijesti - misliti i vjerovati da pametniji od Stvoritelja si i da imaš pravo braniti nekom biću biti i postojati na njegov način.

Bilo kakva sila iz postavke Malog Uma LJudskog, slabost je i kvar onoga tko sprovodi nasilno ponašanje.

Isto tako, nastojati biti kako taj netko drugi očekuje, želi i naređuje, slabost je i kvar onoga tko ugnjetavanje, nasilništvo i torturu prihvaća i opravdava.
Energetski, mentalni, emocionalni, fizički šamari jednako su bolni i štetni.

Osoba s postavkom Malog Uma LJudskog koja prisvoji nečiji drugi pogled na život, vjerovanje ili djelovanje, osobno ili poslovno, ne znajući nosi masu, teret, tumor, strano tijelo, tuđu mentalnu formu, emociju ili energiju u svojoj čahuri i vremenom razbolijeva se ili u mentalnom ili u fizičkom tijelu.

Isto tako ljudi koji iz svog malog svijeta straha i nesigurnosti ne prihvaćaju drugačije mišljenje ili drugačiji način življenja, oni silom utjeravaju svoja jaka ubjeđenja i uvjerenja u nečije čahure i tako na razne i glasne i nečujne načine prisiljavaju pojedince u njima njihov poznat svijet i njima njihovu zonu komfora.

Iako osoba koja nosi energetsku povredu može da izgleda poprilično zdrava, energetska povreda živa je, vidna, čujna i ćutna onima koji vide, prepoznaju i osjete energetska stanja.

Takve energetske pesnice i masnice mogu da osjećaju se kao smetnja, a izrazitije su kada čovjek umoran i iscrpljen je. Tada povrede, pesnice, udubljenja i lomovi čahure jače izraženi su i jače bolni.

Ne bojte se boli. Ne bježite od boli. Ne uzimajte napamet i nesvjesno tablete, već sjednite i podružite se s bolom.
Saslušajte šta vaše tijelo priča vam i pokazuje.

Povežite se s dušom svojom, s dahom svojim,
zažmirite očima ljudskim i pogledajte unutar tijela svog.
Dozvolite i suze i smijeh, dozvolite tijelu ili mirovanje ili kretanje koje prirodno potrebno mu je da isprati bol.
Ne morate čak ni znati zašto i kako nešto dešava se, samo opustite se, stavite pažnju na dah i dozvolite inteligenciji tijela i duše da stvori Sklad. Vaš dah stvorit će oazu mira.

Oaza mira stvorit će opuštanje u tijelu, a time mjesto da tijelo oslobodi se bola.

Kada jedno s tijelom ste, kada u Skladu ste, kada svjesni svog daha ste, tada slobodno uzmite tabletu, da posluži kao prijatelj vam, kao pripomoć, naravno, samo ako to još uvijek doprinos vašem zdravlju i blagostanju je.

Zbog takvih posljedica, svoje čahure čuvajte, svjesni budite i svojih jakih uvjerenja i ubjeđenja koja možda nesvjesno gurate u čahure drugih ljudi.

Svjesni budite kada netko drugi radi udubljenje ili lomi čahure vaše svojim jakim mentalnim uvjerenjem i ubjeđenjem.

Svjesni budite izazivanja, mentalnih, emocionalnih i energetskih drmanja. Svjesni budite nezdravih poziva koji prizivaju vašu pažnju u neprijatna doživljavanja.

Ljudi s postavkom Malog Uma LJudskog iz dosade igre stvaraju, stanja nemira i dramatične situacije koje bolne su za sve.

Jednostavno ne sudjelujte.

Ne javljajte se na takve pozive, provokacije, vrijeđanja, neprijatne šale i ponižavanja. Jad stvara jad. Ne morate otrov piti da otrovali bi se, oborit će vas već sama para. Jednostavno, ne odazovite se, bez obzira tko vas poziva u takva nezdrava druženja.

Ne odazvati nezdravom pozivu se, jedini najzdraviji izbor je.

Ne sudite i ne bježite, jer sakriti od života ne možete se, već svjesni i prisutni u svom tijelu, umu i u bića Skladu budite.

Svjesni budite svih podražaja i osjećaja s kojima biće vaše znakove vam daje i življenja priče priča.

Stanje mira, miline i zahvalnosti najbolji temelj za zdravo druženje je.

Nova Postavka

Podsjećam vas, ne sudimo, već sagledavamo energetska stanja.

Podsjećam vas, da živio bi se bolji i ljepši život, nije potreban trud vam, obrana, napad, borba, pomaganje, jad, sila ili žrtvovanje. Svi ti načini zastarjeli su i pripadaju nekom drugačijem starom i bolnom svijetu.

Nova postavka.

Najveći doprinos sebi, drugome i cijelom čovječanstvu tada ste i samo tada kada u Skladu ste, kada svoj jedinstveni JA živite, kada Sklad tijela - uma - duše - stvarstva živite.

Tu dar i čar vaš živ je, a cijelo biće vaše uistinu živahno.

Život protočan i dinamičan, a življenje lagano i duboko ispunjeno.

Vaše tijelo ljudsko animacija takozvane nevidljive struje je zvane život. Ljudski život zanimacija je, doživljavanje življenja i igra duše. Vaš um motor je, dinamičan pokretač, usmjerivač tog života i te struje. Ta struja, to vaše gorivo je, vaša hrana, izvor, nepresušni izvor najboljeg pića jedinstvenog bića.

Odlučno Živjeti

Onaj koji traži, želi i očekuje nešto od nekog, onaj koji traži, želi i očekuje od muža, žene, roditelja, djece, porodice, prijatelja, poslovođe, doktora, firme, države, predsjednika, svjetske organizacije, zauvijek ostat će prazan i neispunjen.

Želeći, nadajući se, očekujući, tražeći i trebajući nešto izvana, gubi energija se, rasipa struja se, venu ideje, jedinstvenost razvodnjava se.

Drugačija „vremena" su, nova djeca donose nove energije, nove frekvencije, nove vibracije, nove postavke i svjesnija stanja.
Veliki to učitelji su, ta nova „osjetljiva" djeca.
Pokazuju vama put i kako da uistinu se živi.

Sve staro propast će i propada, življenje kroz Mali Um LJudski samo ne može više da preživi, ni ljudsko biće, ni zajednica, ni brak, ni institucija, ni svijet, ni planet.

Nijedno poslovanje neće moći da preživi više s Malog Uma LJudskog snagom. Napor, trud, sila Malog Uma LJudskog samo, postala neprimjetna je i preslaba za bilo kakvo stvaranje i ostvarenje. Samo čovjek, brak, poslovanje, samo oni koji u Skladu s dušom su, s tom jakom strujom i nevidljivom energijom, ispunjeni biti će bogatstvom.

Ne samo preživljavati, već uistinu živjeti, stvarati, voljeti i doživljavati ljepotu, dobrotu i bogatstvo života, samo oni će koji doprinos svojim jedinstvenim darom i čarom su, koji ne traže i ne žele i ne čekaju na nekog ili nešto već sa zadovoljstvom žive, daruju i čaruju, doprinose i svjesno ostvaruju.
Raširenih ruku darujte čaroliju, neka Niagara svjetlosti prelijeva se kroz vas na sva bića oko vas.

Pogledaj i saslušaj

Kada boluješ, pogledaj zašto boluješ.
Kada tuguješ, saslušaj zašto tuguješ.

Ne traži medicine - droge - lijeka dok ne pogledaš i ne saslušaš.
Ne traži objašnjenja, ne imaj uvjerenja, sve to pusti.
Samo pogledaj i samo saslušaj unutar sebe.
Šta boluje, šta tuguje i da li si to stvarno ti?

Da li tvoje uvjerenje boluje,
da li tvoje očekivanje tuguje?
Ako uvjerenje je, očekivanje, to nisi ti.
Samo Malog Uma LJudskog stranputica je i varka.

Da li stvarno ljut ili žalostan si?
Da li stvarno žalostan si?
Ili putanja pogleda tvog iz Sklada nije?

Samo to pogledaj i samo to saslušaj.

Sve, baš sve važan dio je
tvog življenja

I šta ako rano je, ili kasno je, pa šta ako spava ti se i kakve veze ima ako žedan i gladan si? Samo trenutna stanja su.
Zastani, odmori i daruj tijelu hranu koju traži, vodom ga osvježi, opusti se, ali nikad ne popusti pažnju, ne zapusti život da izblijedi.

Opusti se, podruži se i zabavi, i to važno je. Jako važno.
Zar nije i to dio tvoje želje življenja u potpunosti?

Sve, baš sve ti u potpunosti živi, svaki trenutak sa zadovoljstvom životnim, jer ne postoji sutra i ne postoji kasnije, a posebno ne postoji ništa drugačije za tebe kada svijet, netko ili nešto promjeni se.

Do tebe je, tvoj život tvoj je.
Budi ljubazan i nježan.
Budi ljubazna i nježna.
Poštuj, vrednuj, njeguj, grli i voli svoje biće ljudsko i jedinstveni put svoj, pa čak i kada boli i kada teško je.
Prigrli življenje jer najveći dar je.
Pusti sve priče, sve one koje na blagoslov ne liče.
Struja svima ista nam je dana i struji kroz svako ljudsko biće, a jačina struje do svakog bića je.

Najveće bogatstvo i doprinos ljepoti i dobroti življenja svakog ljudskog bića Sklad je.

Važna je pažnja

Kada nešto ne ide vam kako vi željeli bi, ponekad samo pokazatelj je da skrenuli pažnju ste na nešto drugo ili na nekog drugog.

Samo vratite u svoj Sklad se, stavite pažnju na vaše stvaranje, življenje, želju, projekt, situaciju, vratite pažnju i pojačajte struju.

Odlučnost, staloženost i zahvalnost životu nježno daruje život tome što želite, pojačava struju i daruje i dalje.

A opuštanje važan dio je, opuštanje svakom ljudskom biću potrebno je; opuštanje, ne popuštanje.
Opuštanje Sklad je, dio cjeline, važan dio stvaranja.

Ostvaren san

Duži korak, dublji i jači korak, dublji i jači dah, sve to način je pojačavanja struje da živjeli, doživjeli, stvarali i ostvarili svoj san bi, želju i ideju.

„San" živ u nekoj drugoj dimenziji je, zato san izgleda daleko jer u nekoj drugoj dimenziji je. Oživjeti ga u ljudskom znači ojačati to stanje u ljudskoj dimenziji.

Želeći živjeti i ostvariti san - pojačajte struju, uvijek i uvijek i zauvijek ista formula biti će.

Zalijevanjem, njegovanjem i gajenjem, sjeme iz nevidljivog jedan dan postane vidljivo. Isto tako i vaše stvaranje, prirodnim putem iz nevidljivog, ideja gajena, postane vaše ostvarenje i življenje.

Kvaliteta življenja

Ponekad nije jednostavno, čak ni lako, prepoznati svakodnevne navike, koje ne samo da nisu više povoljne i doprinos, već postale su čak i štetne.

Samo razumijevanje da sve uvijek tu je, da sve postoji, da sve uvijek moguće je, dovoljno je da s lakoćom biramo svoj put.

Kada navika postane mehanička, kada posegnemo za nečim samo iz navike ili neke neispunjene, naše Malog Uma LJudskog potrebe, tada te i takve navike naravno da štetne su, jer izlaze iz nesklada. Nije svjesno, ni pozorno, ni skladno.

Da li to hrana je, piće, društvo, rad, čak i opuštanje ili zabava? Može da izgleda kao opuštanje, a ne opušta vas. Može da izgleda kao zabava i druženje, a ne zabavi vas. Iako ništa značajno vidljivo nije, i opuštanje i druženje može teret da bude i u nezadovoljstvo da vodi.

Svi dobro znamo, poznamo, znate i poznate jutarnje buđenje, a tijelo u stanju umora i težine, iako spavali ste i odmarali tijelo zadnjih pet, sedam, deset sati.

U Skladu sve kvalitetno je, sve: rad i radnja, šetnja, mirovanje, odmaranje, stvaranje, druženje. Zato prisjećamo se samo, samo jednog - Sklad.

Jedan smjer, bolji život

Dokle god čovjekova postavka ovisnost je, zavisnost od nekoga ili nečega, dotad žrtva je nekoga ili nečega, ovisan od nečije dobre volje, zavisan od nečije milosti, ljubavi, bogatstva, mira.

Takvo življenje ni istinito, ni oslobođeno, ni u potpunosti življeno nije, već samo preživljeno je.

Zadovoljstvo stvaranja, uzbuđenje buđenja u novi dan svaki, doživljavanje življenja u potpunosti, to oslobođeno stanje je. Oslobođeno prijatno stanje prirodno stanje svakog bića je.

U stvaranju čovjek osjeća se blaženo, slobodan i jak, ljubljen, opušten, miran, zadovoljan i važan, važan jer poslužuje i doprinosi vlastitom življenju, čovječanstvu i cijelom stvarstvu.

Čak i kada stvaranje veoma zahtjevno ili iscrpljujuće je, ispunjenost i zadovoljstvo iz dubine bića, svjesnost doprinosa vrijednost je koja ljudskom življenju daje smisao i svrhu.

U opuštenom stanju zadovoljstva rijeka bogatstva teče kroz biće i takvim življenjem taj čovjek doprinos cijelom stvarstvu je.
Tako čovjek izađe iz jada, žalosti, sažalijevanja, bolesti, tuge, samo tako - stvaranjem.

Sve što muči vas, smeta, rastužuje, jada, ljuti ili nervira,
a prepoznate da samo Malog Uma LJudskog nota je koja svira,
pustite je neka svira,
vi mir, ljubav, ljepota, dobrota budite,
i tako neprijatnost neće ni da vas ometa, ni da vas dira.

Izaberite put jedan, izaberite put vama važan i vrijedan,
i pažnju, struju, svjetlost, snagu i životnu energiju svoju svu
lijevajte, dajte i pridajte k stvaranju ljepšeg i boljeg življenja.
Život koji kroz vas struji, vatra to neke vrste i najbolje gorivo je.
Prinesite u taj put jedinstveni, u put vaš jedinstveni,
darove i čarolije vaše SVE.
Prinesite da doprinijeli bi novom, ljepšem i boljem življenju.

Jedinstvena dijeta

Ovo druženje i znanje svijet struje je, specifična životna linija i važan dio cjelokupnog življenja.

Za trenutak dotaknut ćemo energiju vode, hrane i životnog prostora.
Što jasniji i bistriji čovjek je, jasnije i svjetlije biće, to bistriji i svaki dio njegovog življenja je. Sve struja u formama je hrane, pića, bića, stvari, prostora, kamena, drveta, kristala, minerala, željeza - prirode.

Svaka vibracija jedinstvena je kreacija.
Svako biće ljudsko, slika jedna,
materijalna forma njihove jedinstvene vibracije.

Koje piće i hrana zadovoljava i prija tijelu jednom, to do svakog tijela je da osjeti, iščita, sasluša, vidi i prepozna baš u tom trenutku. To do svakog od vas je da pita tijelo svoje šta želi i šta prija mu, šta lakoći doprinosi, šta jačim i zdravijim stvara ga.
Pažnja vaša potrebna za zdravlje vašeg tijela je, pažnja vaša na tanjuru vašem i u čaši vašoj.

Kada tijelo teret nosi, upale i boli, da bi samo savjet, recept, informacija, tableta, injekcija, da bi samo medicina, da bi samo doktor mogao da pomogne, svi bi vi bili zdravi.

Do vas je, do vaše svjesnosti i pažnje, jasnosti, vrednota, discipline i odlučnosti.
Vaše zdravlje prvenstveno u vašim rukama je, vaša sreća, mir, ljubav, bogatstvo, zadovoljstvo i življenje u vašim je rukama.

Svatko ZNA najbolje za sebe

Ne može duhovni ili mentalni savjetnik, doktor, direktor, suradnik, predsjednik, da vam pomogne, da vas ozdravi, izliječi ili stvori bogatim.

Ne može nitko da zadovolji vaše potrebe, prepozna vaš put i vaše zadovoljstvo.

U vama svako pitanje i svaki odgovor je, u vama moć je, vi već jeste sve to što želite.

Svaki zapis, informacija, inteligencija, u vama je, vi sve ste.

Kada, kako i koliko, kuda, s kim - u vama je.

Vodstvo jasno, glasno, nježno, tiho ili možda vrišti, a vi uvijek, uvijek i uvijek biću vjerujte svom. Svi od jedne duše smo, svi darovani smo.

Znajte da jeste i da postojite.

Sve to što dira vas, zove, želi, sve to već stvoreno je i postoji.

Ne preispitujte se, ne dvoumite se, već živite.

Neki kažu hrabro, nije čak ni hrabro, već je s lakoćom i sa zadovoljstvom, u Skladu s cijelim vašim bićem.

Iz ljubavi

Pitate se onda, a kako voljeti, a kako pomagati, davati, služiti, pitate se: „Zar nije ovo sebično?" Ne, nije sebično.

Sklad jedini način je kako voljeti, davati, doprinijeti i poslužiti, jer kada vi iz Sklada živite i stvarate, prelijeva se sva ta ljepota, dobrota, ta ljubav i bogatstvo, prelijeva se mir i zadovoljstvo koje napaja cijelo stvarstvo.

Kada jesi, kada imaš, tek tada možeš istinski dati.
Kada jesi, kada daješ, tek tada možeš istinski primiti.

Stanje vašeg bića - vaša frekvencija - vi ste, vi točno ta vibracija ste, vi točno taj val ste, i tada točno to i dajete.

Kada vi bivate iz izvora nepresušne energije, ispunjeni i ostvareni, tada to prelijevate. Sve to što jeste, prelijeva se na sve oko vas, to jedino nesebično je.

Naopačke smo mi to sve shvatili.

Ljubav, pomoć i davanje nije kada vi nešto trebate ili kada strah vas je.
Kada dajete ili volite zato što brinete, morate, trebate ili zato što dobili ste, tada to i dajete: brigu, strah, trebanje i moranje.
A to je kao da sijete pokvareno sjeme da bi vam život bio ispunjen lijepim plodovima.
Zar ne?

Svaki dan, svaki sat, iz svog izvora svjetlosti lijevajte i prelijevajte, tada vam drugi nisu potrebni iz potrebe, tada društvo želite da podijelili bi to što jeste i to što imate, jer zašto i čemu onda sve to što jeste i to što imate, već da bi davali, zadovoljavali, sreću svijetom sijali, duše grijali i tako zdrave plodove ubirali i izmjenjivali.

Takav svijet kada birate i stvarate, tada nema ratovanja, gladi, straha, bolesti, neimaštine i patnje.

Što više ljudi iz izvora živi, nepresušnog izvora ljepote, dobrote, ljubavi, mira i bogatstva, to bogatiji svijet je, čovječanstvo i svaki pojedinac. Tako svi imaju i samo tako.

Zato osvijestite i osvijetlite se, pojačajte vatru u srcu, struju duše, uzbuđenje i zadovoljstvo bića.
Otvorite se više, jače i dublje da bi se božansko što ljepše i lakše prelijevalo u ljudskom.

Da, naopačke smo mi to sve shvatili

Kada se osjećate usamljeni, turobni, tužni i možda nemate nešto što sada želite imati, teško vam je i pitate se kuda i kako dalje, nastavite li pričati o samoći, tuzi i neimaštini, gledati u tom istom pravcu koji doveo vas je do tog mjesta, rijetko da će na takav način nešto novo i drugačije da se rodi, stvori i zaživi, a ponekad je to nešto za čim tugujete već tu, u vašem životu, ali ga ne vidite.

Taj pogled, to putovanje dovelo vas je do tog kraja, išli ste tim putem dok je prijalo i bilo vama dobro.

Ne žalite sada za nečim što je bilo tako kako je bilo.
Bilo je, idemo dalje.
Ne sudite, samo je tom putu došao kraj, došli ste do kraja tog nekog putovanja.

Kada tu više nema ništa prijatno vama tada nema ni dalje. S lakoćom kažite: „Dobro je, hvala" i pustite taj put, lagano i sa zahvalnošću. S novorođenim uzbuđenjem okrenite se i izaberite neki drugi, novi, vama potpuno nepoznati put.

Uvijek najbolji je nepoznat put, može biti samo trenutno da je nelagodan zato što nepoznat je, a može da bude baš zbog toga zanimljiv i jako uzbudljiv.

Baš takav nepoznat može da vas spasi, vrati u djetinjstvo, gdje je svaki novi korak neko novo uzbuđenje. Slobodno ga hodajte ili trčkarajte, igrajte se uvijek i zauvijek.

Istinski život u lakoći je, igri i uzbuđenju.
Samo tako puni života u potpunosti ste živi.

Kako naći taj novi i nepoznati put, koji će oživjeti život u vama?

Pitajte nekog: „Šta mogu sada da uradim za tebe?“
Pitajte sebe, dušu, stvarstvo: „Kakav doprinos mogu biti?“

Naopačke smo mi to sve razumjeli, pitali, molili i tražili: „Pomozi mi.“
Tražili smo pomoć umjesto da pitali smo: „Kakav ja mogu doprinos tebi biti, vama, ljudstvu, stvarstvu, svima?“
To jedini je način kako nikada nećete u životu biti usamljeni, tužni, nesretni i u neimaštini.

Samo duboko dodirnuti stvarno žive

Podružite se, podružite se sa svakim osjećajem i doživljajem koji dostupan vam je.
Obogatit će vas.

Sjedite i podružite se sa svakim ljudskim bićem, religijom, intelektom, nacijom i kreacijom.
Obogatit će vas.

U mirovanju pridružite se svakoj frekvenciji i vibraciji.
Ojačat će vas, ispuniti, ozdraviti i prosvijetliti.
Obogatit će vas.

Gledajte u oči, najsjajnije i najtamnije.
Prigrlite osmijeh najtužniji i najsretniji.
Obogatit će vas.

Ne sudite, podružite se.
Ne bojte se, sve su to ljepote života.
Obogatit će vas sva ta stanja i spoznanja.
Dodirnut će vas.
Samo dodirnuti uistinu žive.

Dobro pogledajte istinu

Vi, koji i dalje vjerujete u borbu, dokazivanje, pokazivanje, objašnjavanje, izvinjavanje, mišljenje protiv mišljenja, vjerovanje protiv vjerovanja, razdvajate čovjeka od čovjeka, razdvajate sebe od stvarstva.

Vi koji i dalje vjerujete da što jači ste u svojoj pravdi, da na taj način možete da promijenite svijet na bolje, svi vi pažljivo pogledajte, da li je to života istina ili je to Malog Uma LJudskog varka samo?

Pogledajte i saslušajte.
Ja vas pitam.
Vi sagledajte, vi saslušajte.

Da li borba, otpor, uvjerenje, objašnjenje ili izvinjenje vama služi za ljepši i bolji život, za dobrobit čovječanstva?
Da li je takav način djelovanja doprinos?
Kakav i čemu?

Da li je borba pomogla čovječanstvu da živi mir, ljepotu, ljubav i dobrotu, zdravlje, bogatstvo, zadovoljstvo? Da borba ili otpor pomaže, zar ne bi već svi sretno i mirno živjeli?

A šta ako jedini doprinos k boljem življenju je pojačati svjetlo, struju, žar i čar ljepote, dobrote, ljubavi, mira i bogatstva nas samih, za dobrobit svih nas?

A šta ako je baš ta blaženost svakog bića put zdravlja, mira i Sklada za cijelo čovječanstvo?
Samo pogledajte da li je to moguće za vas.

Da li vama prija kada ljubavlju i nježnošću dodirnuti ste duboko u dušu? Da li prijatno vam je kada iz duše ste dirnuti?

Samo pogledajte šta vaša istina je.

Život je život i poslije smrti

Otvoreno jasnog, tihog uma, znatiželjno milog, mirnog srca i u potpunosti opuštenog tijela prigrlite život i bivajte voljni života doživljavanja, svatko na svoj način, šta god i kako god vam života doživljavanje prijatnost prelijeva.

Jer šta drugo život JE nego življenje i doživljavanje?

Čemu živjeti ako ne života čarolije doživljavati?

Da vrijeme prođe, da starost dođe?

Zar je još uvijek potrebno svjedočiti takozvanoj smrti da bi se živjelo?

Takozvana smrt kad dođe, znamo da nije smrt već samo neki drugi put je, neki drugi svijet, drugačija stvarnost i realnost, drugačije življenje.

Podsjećam vas, zbog vas, da kad vaše vrijeme dođe za neki drugi put, neki drugi život, da ne bi žalili i žalovali, tužni bili, već da vaš odlazak bio bi što lakši vama i onima koji i dalje ostaju u ovoj ljudskoj formi; Život Vječno Živi.

Olakšavajuće je tako i onima koji odlaze i onima koji ostaju, golo shvaćanje da ljudski je život bio življen svakom ćelijom, svakim dahom i svom snagom.

Naravno da rastanak s voljenim bićem, odlazak jednog ljudskog tijela i jedinstvenog života rastužuje sve nas, dodirne nas, jer i to dio je življenja, takozvana ljudskog tijela „smrt".

Ali da bi vam bilo lakše, vama koji odlazite, nama koji ostajemo, nama koji odlazimo, vama koji ostajete, znajte da jačina životne struje jedina važna je za nastavak življenja.

S ljudskom formom ili bez nje, struja struji, svjetlo svijetli, život živi. U stanju duše ništa se ne žali jer ništa nije propušteno i ništa nije izgubljeno. Struja struji, svjetlo svijetli i život živi.

Ili jesi ili nisi

Šta ti znači stan,
šta ti vrijedi hram,
polja, planine, rijeke, mora,
selo, grad,
automobil, avion,
novac, zlato,
prijatelj,
ako nisi znatiželjan, blažen i oslobođen?

Šta život vrijedi tebi, ako veličanstveno kroz tebe ne prelijeva se?
Kako ti vrednuješ taj najveći dragulj prirode,
taj jedinstveni život svoj i to čudo stvarstva?
Da li ga njeguješ i slaviš ili ga kritiziraš i blatiš?

Šta znači imati i biti,
ako je i jedna karika života okov, lanac ili teret?
Šta znači postojati,
ako nisi siguran i odlučan
i kada punim plućima ne dišeš,
i kada jakim korakom ne koračaš,
ili kada svakom ljudskom ćelijom
i božanskom kapljom ti ne živiš?

Važno prepoznati življenje je
koje iz Malog Uma LJudskog proizlazi
i koje uvijek neke vrste težina, borba,
strah, krčenje, moranje i pustoš je,
jer Sklada življenje,
doživljavanje života s lakoćom je,
u zadovoljstvu titranje i
iz dubine mira grljenje svakog doživljaja je.

Sklad vatromet je,
Sklad Niagara je,
Sklad potočić je, koji vječno žubori i pjevuši,
prelijeva se i dušom priziva u zajedništvo i blaženost.

Tako prepoznat ćete put smrti ili put života.
Tako prepoznat ćete Sklad od nesklada.

Na kraju krajeva, koliko god kompleksno se činilo,
jako jednostavno je:
Ili jesi ili nisi,
živ ili mrtav,
otvoren ili zatvoren,
oslobođen ili zarobljen,
ispunjen ili nezadovoljan.

Kada tamno je, Ti posvijetli.
Kada sivo je, Ti oboji.

Mali Um LJudski sudi, Duša ne

Svako ljudsko biće doživljava mnogobrojne životne situacije, formulacije i događaje. To prirodno je stanje svakog bića.
Nikada ne sudi. Ne sudi prividno stanje uspjeha, neuspjeha, bogatstva, neimaštine, bolesti, zdravlja, nemira, ljubavi.

Zadovoljstvo i razdraganost ti živi, prijatnost doživljaja stvaraj.

Idi dalje, stvaraj i idi dalje.
Ne boluj, ne tuguj, ne pati, ne žali.
Idi i stvaraj, ne dozvoli da tuga, patnja i bol budu glavni zapis i otisak tvog življenja.

Zadovoljstvo i blagost ti živi, prijatnost doživljaja stvaraj.

Već samim rođenjem, svako biće doživi isti doživljaj.
Ne razlikujemo se, samo Malom Umu LJudskom izgleda tako, ali ne razlikujemo se, od u potpunosti istih sastojaka stvoreni smo.

Samo zarobljenici Malog Uma LJudskog sude jer ne vide očima duše, ne vide istinito zajedništvo, jedninu i cjelinu postojanja.

Mali Um LJudski sudi, Duša ne.
Kako, kako duša da sudi kad zna i vidi cjelinu stvarstva?

Biće Sklada vidi jedinstvenost svakog bića i ne sudi; *ne može da digne ni glas, ni ruku na sopstveno postojanje u nekom drugom obliku, u nekoj drugoj formi.*
Kako?

Samo budi

Sjeti se.
Prisjeti se i osjeti se,
kada te neka muka ili huja hvata,
sjeti se i prisjeti se,
kako je kada te netko čuje, vidi,
prihvaća, grli i voli samo tako,
bez razloga, bez nadanja,
očekivanja ili potrebe.

Čista prisutnost bez plana ili želje,
samo tu je,
za tebe, s tobom,
postoji,
žari, svijetli i grije.

Kada te bilo kakav jad ili huja hvata,
sjeti se, prisjeti se i samo budi.
Samo budi.
Doživljaj prigrli svaki,
zagrljaj, zahvalnost, mirovanje i ljubav budi.
Svjetlost i toplina budi,
jer to i jesi.
Ti
To si.

Spoj u Sklad

Dok god okreće se čovjek protiv čovjeka,
boljeg života za čovječanstvo nema.

Sklad, prvo svatko svoj, a tada i dalje, iz Sklada Sklad, jer kada čovjek spoji se sa dušom svojom, tada vidi dušu u svemu i svugdje.

U očima druga i u cvijetu,
u leptiru, oblaku, u drugom planetu,
mjesecu, suncu, haljini bijeloj i starom kaputu,
kamenu crvenom i malom prašnjavom šumskom putu.
Samo iz Sklada je vid čist i pogled jasan.

Dok god se čovjek bori protiv čovjeka,
boljeg života za čovječanstvo nema.

Isto strah i briga kada vlada, „oskudica" bilo koje vrste, u takvom biću ljubavi nema, ni sreće, ni bogatstva.

Dva su to različita svijeta, različite frekvencije, drugačije vibracije, drugačije stvarnosti i realnosti.

Pojačaj svjetlost

Kako preživjeti, živjeti i uživati, kako živjeti u svijetu gdje svega ima i svijetu koji toliko čaroban je, tako predivan, i isto toliko opterećen i koji opterećuje, gdje čovjek bombardiran, guran, prisiljen, silovan zakonima, neprirodnim zakonima je, u svijetu gdje stvarno ima svega, a najviše i ponajviše gdje čovjek čovjeka gura, opterećuje, siluje, prisiljava izvan svih prirodnih zakona i normi?

Kako živjeti i preživjeti je, da čovjek ojača.
U čemu? Šta da ojača?
Stanje Sklada.
Kako čovjek pojača i ojača sebe?
Kako, a da ne postane tvrd i grub?

Tako, Sklad.
Jače stvaranje, jača svjetlost,
jasnija slika i jača struja,
jačina duha i jasan stav bića,
samo tako.

Tvoj dom u tebi je

Kako prepoznati lažnu svjetlost i šta to znači lažna svjetlost?
Da li je svjetlost dobra, a tama loša?
Da li je tama dobra, a svjetlost loša?
Da li postoji lažna svjetlost?
Opet, samo su riječi, opisi i putokazi za vas.

Sve tu za vas je da vi bi prepoznali vašu istinu, spoznali sebe, a spoznajući sebe, prepoznali putokaze svjetlosti, tame, zdravlja, bolesti, bogatstva, neimaštine i istinskog doma svoga.

Domovanje vi ste, dom u vama je.
Dom, ljubav, mir, sigurnost, stabilnost, sve u vama je.
Vi sve ste.

Kada kažem lažna svjetlost, opet, samo putokaz je koji kaže, iako svijetli lijepo i prelijepo je, ne znači da to vaša istina i vašeg bića Sklad je.

Kada ne prija, ako nije vama lagano i zanimljivo, ako niste opušteno živahni, lažna ta svijetlost je za vas.

To što vaš dom je, to prijatno je.
Da li to nazivate svjetlost, tama, dobro, loše, nevažno je - samo površno gledanje u površinu ne prikazuje jasnu sliku.
Vaš dom i vaš Sklad tamo je gdje opušteno i prijatno cijelom vašem biću je.

Kao što mnogo glasnih ljudi i vanjska buka ne znači da bučno je i unutarnje stanje čovjeka, isto tako vanjski mir ne predstavlja i ne garantira unutrašnju tišinu i mir čovjeka.

Kako vanjska buka ili tišina ne predstavljaju unutrašnje stanje jednog bića, isto tako ni vanjska tama ili svjetlost nisu jedini pravi pokazatelji unutarnjeg stanja jednog bića ili materije.

Poznajući sebe, poznat ćeš sve.

Novo je snaga,
snaga je opuštanje

Hodati opušteno, a uzbuđeno, nepoznato novim putevima,
to života je življenje, prava snaga i moć bića Sklada.

Kada je tama, praznina, noć, nepoznato, novo, nikada prije doživljeno, biću Sklada hodanje jedinstvenim putem postane gotovo dječje uzbuđenje i zabava, a ne strah. Sklad neodoljiva je, najjača, najljepša i najmilija istinska snaga jednog bića.

Ne, ne može se u nečem poznatom, svakodnevno komfornom i napamet življenom, pojačati snaga ljudskog bića, a ujedno raspetljati, ispeglati i opustiti Mali Um LJudski.

Jedno drugome drug je, potpora i blagoslov: jačanje tijela opušta um, jačanje uma opušta tijelo, a time i duša ushićeno je sjajnija.

Izbor tvoj je

Da li nježno ili grubo je,
da li dobro-prijatno ili loše-neprijatno je,
sami sagledajte sebe radi.

Ta osjećanja i te riječi, ti putokazi, nisu nam dani da bi sudili druge, već da bi mi prepoznali naše stanje i naše putovanje.

Da li u pitanju je neko drugo biće, vrsta hrane, jastuk na kojem spavamo, stolica na kojoj sjedimo, cipele koje nosimo, „dobro" ili „loše", dano nam je da bi mi mogli slobodno birati šta prijatnije, ljepše i bolje nama u ovom trenutku je.
Samo zato i sve iz tog razloga.

Ne pokazujte prstom u nikoga i u ništa sudeći, jer time se to u šta prstom pokazujete neće promijeniti.
To JE tako kako JE.

Ako prijatno vam je, družite se, kupite si, jedite, obujte, darujte, prihvatite, idite, radite.

Ako ne prija vam, „Ne.Prija.TnO", pustite i idite dalje, bez ikakvog objašnjenja zašto to nešto JE takvo kakvo JE, jer to svakako nije tako kako ga vi vidite, osjećate i doživljavate.

To samo vaše doživljavanje je, a ako vam baš ništa od toga što vidite i doživljavate ne prija, stvarajte vi nešto ljepše i bolje.

Tvoj svijet, tvoj svijet je. Zar ne?

U stvarstvu gdje svega ima, tvoj svijet - tvoj svijet je, tvoje stvarstvo, tvoja stvarnost, tvoja realnost, tvoja ideja, inspiracija, kreacija, tvoj jedinstveni put, tvoja želja, tvoje življenje Tvoje JE.

Svaki život jedna forma, svaka forma jedan život.
Igra je to kreacije i zanimacije univerzuma.

Koga pitaš, koga tražiš, koga želiš, koga čekaš, kada ti taj si, taj jedan život, taj svijet, ta jedna kreacija i manifestacija u ovom jednom jedinstvenom trenutku i jedinstvenom življenju, jer kada tog nečeg što ti želiš i čekaš nema, to tvoja vizija je, to tvoje djelo je, to tvojim životom životu dana kreacija je da sprovedeš je u postojanje.

Život nije težak i život nije lak, ni loš ni dobar. Život JE.
Kako ga ti sprovodiš i doživljavaš, do tebe je.

Dimenzije življenja beskonačne su, dimenzije ljudskog bića isto tako, sve darovano nam je i sve tu je, ne da sudimo, ocjenjujemo, precjenjujemo, ubjeđujemo, borimo, branimo, objašnjavamo, prepričavamo, ponavljamo, već nam je dano toliko darova, toliko boja, dimenzija, snova, iluzija, vizija, realnosti, stvarnosti, da uživamo, živimo i doživimo sve to bogatstvo stvarstva.
Baš to, „svega ima", je ta ljepota života.

Život JE

Kada neko kaže, kada neko priča: „Nema, nema, nema";
da li to istina je u stvarstvu zemaljskom gdje svega ima?

„Nema, nema, nema."
Da li možete vidjeti kako to istina nije?
Takvo pričanje ruši mostove između vas i svega što želite.

Kada netko priča: „Nisam" i „Ne mogu", detoniranje mosta
desilo se, spajanja i spoja nestalo je, put izbrisan je.

Ujediniti se sa životom i življenjem jedini način je kako živjeti
želju, ideju, san, plan ili viziju.

„NEma", NIsam" i „NE mogu" razdvajanje je, a ni istina nije
stvarstva, ni ove naše cijele kreacije.

Ima, svega ima, sve već postoji i sve postoji, a ono šta „ne vidiš"
da postoji - U Tebi JE. Ti Si.
Ono šta vidljivo nije i to tu je, sjeme, samo vidljivo tebi još nije,
ali tu je, stvarstvo vječno razvija se i raste.

Jesam, Imam, Znam i Mogu, to istina svakog bića i cijelog
stvarstva je.
Život nije ni težak, ni lak, ni brz, ni spor, ni star, ni nov.
Život čak nije, „ima - nema", ŽIVOT JE.

Da li život ljubav je „tvoja" velika,
jedinstveni spoj stvarstva, božanstva i ljudstva
ili život bol je „tvoj", guranje, razdvajanje, žaljenje
-sve do tebe je.
Život JE.

Udahni

Stani, odmori,
koju prozbori.
Okreni, pokreni,
pusti, popusti,
pogledaj, sagledaj,
prisluhni, osluhni,
udahni.
Udahni.

Struja čudo je,
osvjetljenje,
prosvjetljenje,
boje, kreacije,
život svake nacije.

Pogledaj dublje, jače.
Gledaj, ne samo očima, već ćelijama.
Dahom slušaj, ne samo ušima,
osluhni krvlju, kožom i organima.

Samo tako otkrit ćeš pravu i jedinu istinu življenja,
cjeline,
sjaja,
dubine postojanja,
praznine.

Umiri se
Udahni
i spoznaj život.

TI SI

Uzdigni se, sebe radi
da pogled ljepši bi ti bio.
Pogledaj život oko sebe
da postojanje bi ti značilo.
Ne spuštaj se, ne zatvaraj, ne skrivaj, ne uzmiči
jer tvoj život važan je.

Tvoje svjetlo doprinos je i bogatstvo,
nova boja i jedinstvena forma,
tvoje darovanje je stvarstvu,
TI DAR SI.

Možda samo trenutno ne vidiš,
ali Znaš.
Znam da znaš jačinu i ljepotu življenja,
znam da znaš jačinu dodira i divljenja.
Ti taj si, u tebi je.
Ti ta si.

Uzdigni dušom se,
pokaži se, prikaži se.
Udahni.
Izdahni,
da cijelo stvarstvo vidi tvoj jedinstveni dar i čar,
ljepotu, dobrotu i bogatstvo.
Jesi.
Budi.

Kažeš, pitaš; zašto, kome, kako?
Sebi.
Ponavljam,
kada sebi si, tek tada i meni si.
Nije sebično.

Budi čar,
jer tada čar si svima i svemu.

Ne pomaži i ne traži, već daj,
a i daj samo zato što jesi i ima,
ne zato što tražiš nešto zauzvrat
i ne zato što očekuješ nešto zauzvrat
i ne zato jer „misliš" da „moraš".
Daj slobodno,
željno i s lakoćom,
u zadovoljstvu.

Daj to što jesi, što imaš, što znaš,
samo zato, jer to je tko si.
Izvor si i prelijeva se.
Daj tako,
slobodno i lako.
Posluži, jer to tvoj sjaj je.
Posluži, jer življenje nema ni početak ni kraj.
To si.

Idemo dalje u ljubav i zdravlje

Kao što gledamo u svijet i u život, ima, ima i sve postoji, tako gledamo i u čovjeka, ima, ima i sve postoji.

Ne objašnjavamo, čak ni ne poričemo trenutno stanje, samo ne opravdavamo, ne zagovaramo i tako ne zaključavamo biće u trenutno stanje kada to stanje nije poželjno.

Kada neka bolest je u pitanju, nisu potrebna snažna uvjerenja i ubjeđenja da objašnjavalo i opravdavalo bi se trenutno stanje. Ok, to sada trenutno je stanje; a šta idući korak je, a šta dalje je, a šta idući je dah i korak, ako želimo zdravlje?
Zar nije zdravlje?

Kada želimo ljubav, zar nije ljubav?
Kada želimo nešto materijalno, neku materijalnu vrijednost, pa kako drugačije biti i imati, već da idući je dah i korak točno to.

Zajedno smo jači, gledajući jedni u druge viđenjem da jesi zdravlje, da jesi ljubav, da jesi ljepota, da jesi bogatstvo, jedino tako doprinos smo jedni drugima.

Ne pomažite iz straha i jada, ne tražite, ne objašnjavajte, ne izvinjavajte se ponovo, ponovo i ponovo za ponavljajuće bolne postupke, ne ogovarajte i ne opravdavajte neprijatno i nepoželjno.

Dah i korak,
sat i dan,
misao i riječ
neka vam uvijek bude prijatna i prijazna.

Dodirnut životom,
dirnuo si dušom

Kada pogledaš, progovoriš, zagrliš ili daruješ,
kada poslužiš i doprineseš,
posluži i doprinesi iz Sklada,
budi i uradi jer duša dirnuta ti je,
a biće cijelo tvoje
svjetluca i treperi.

Ne darivaj zato što tada voljen, tražen, željen ili pohvaljen si.
Ne daruj da hranio bi Malog Uma Ljudskog stanje,
već čisto zato jer dušom dirnut bio si, jer zatreperila iz duše si.

Gledaj tamo gdje dušom dirnut si.

Biće, koje djeluje i živi iz Sklada, ne sudi ni sebi, ni drugome:
ni davanju, ni primanju, ni zašto, ni kako, ni kome, ni kada.

Čisto je, lako je.
Dao si.
Prigrlio si.

Dirnut bio si, na neki način.
Dirnuo si, na neki način.
Dirnuo život si.
Dirnut životom bio si.
Samo to lagano i istinsko življenje je.

Pogledaj dublje,
pogledaj jače

Kuda žuriš,
s kakvim o-sjećanjem i percepcijom se budiš?
Koga čekaš?
Šta računaš?
Gdje gledaš?
Šta razmišljaš i misliš?
Kome i čemu nadaš se i zašto?

Ne buni se i ne protivi ni jednoj mentalnoj uvredi,
emocionalnoj neprijatnosti ili nelagodnosti,
fizičkom ili materijalnom nestašluku ili nepogodi,
već pažljivo pogledaj šta to u stvari povrijedilo,
uvrijedilo, spotaklo, omelo i saplelo te je.
Da li stvarno ono tamo?
Ono nešto i onaj netko?
Pogledaj sebe, svoj stav
i svoja uvjerenja.

Pogledaj dublje,
pogledaj jače.
Zahvali se.
Laganiji i jasniji sada nastavi svoju jedinstvenu života avanturu.

Šta sve moguće je?

Kome prikazuješ, pokazuješ i dokazuješ se?
Sebi? „Nekome tamo?"

Naporan i velik rad to je, koji ispunjava šta i zadovoljava koga?
Obična potreba Malog Uma Ljudskog to je, a ne cjelovitog bića.

Pomisli i zamisli, sagledaj, šta sve u životu moguće ostvariti je umjesto dramaturgije Malog Uma LJudskog zabavljati.

A da ne radiš taj težak, Malog Uma LJudskog, rad, gdje životna ti je snaga u ogromnim količinama rasipana i požderana, zamisli samo šta sve bilo bi moguće.

Šta to plaši i zaustavlja te?
Kakvo si to stvorio uvjerenje koje zaustavlja te?
Čega to plašiš se i da li vrijedno je nositi taj teret na rukama, ramenima, leđima, koljenima... do bola ili vrijeme je da ga pustiš i nježno staviš k počinku i oslobodiš ruke i biće svoje od te neprijatno silne, Malog Uma LJudskog, varljive blokade i barikade.

Pusti.
Popusti.
Opusti.
Dopusti životu da živi.

Odlučnost i moć iz izvora

Odlučnost.
Biti odlučan znači biti stabilan, jasan, opušten i staložen kao individualno biće u ljudskoj formi u zemaljskoj dimenziji.

Odlučnost velika snaga je, biti odlučan jedna vrsta „moći" je.
Budite pažljivi u čemu odlučni ste i kako upotrebljavate tu moć.

Moć.
Moći otresti, očistiti, oduzeti i dobrovoljno pustiti sve nepotrebno, nepoželjno, neprijatno i tada moći poslužiti, podariti, stvarati jedinstveni život iz Sklada, to istinska moć je.

Odlučnost je Moć.
Budite pažljivi i pozorni na svoje moći.

Da li odlučni i moćni „biti" i „živjeti" ste iz Malog Uma LJudskog, ili odlučnost i moć u lakoći cjelovitog života je koji toči i pretoči kroz vas se slobodno i Skladno?

Dvije su to različite moći i dimenzije življenja, u potpunosti drugačiji životi.
Opet samo riječi su koje opisuju i pokazuju vašu postavku.

Netko od vas za prirodne znakove i signale kaže duša, duh, Bog, univerzum, intuicija ili osjećaj u želucu.
Prijatan osjećaj znak Sklada je.
Neprijatan osjećaj signalizira Malog Uma LJudskog postavku.

Mozak-mozak iščitava, mozak-srce iščitava, mozak-želudac iščitava, cijelo tijelo iščitava i zna.
Tijelo priča, biće priča, pratite pažljivo priče vašeg bića.

Odlučnost moć je koja daje život vašem odabranom načinu postojanja, odlučnost drži vas na odabranom putu i daje dubinu vašem doživljaju i vašem putovanju.

Odlučnost i moć voljeti život, voditi ljubav sa životom, životom ljubiti, ljubavlju živjeti, životu ljubav darovati, ljubavi život dati, život slaviti, prepustiti i predati u potpunosti se, najveća romansa života je.

Postoje i velike suptilne moći, mekane i nježne, jedva čujne i ćutne, mile, ljubavne, ponekad grmljavinom popraćene, munjama obasjane, odlučne moći, moćnije od nas ljudi malih.
Poezija, umjetnički radovi, muzičke note, zagrljaji, pogledi, izumi, ideje pa čak i mi rođeni smo iz duboke moćne praznine gdje već sve postoji.

Odlučnost dar je, snaga jednog ljudskog bića, da prigrli i isprati život, da uistinu živi.

To beskrajno ništa je beskrajno sve; nevidljivo, poznato, nečujno, ćutno, najljepše ljubavno. To sve u svakome od vas je, svako od vas jedinstvena je nota muzike univerzuma, jedna posebna boja i slika umjetničkog djela stvarstva.

Svaki dah, jedan val je u oceanu univerzuma, duša dirnuta ljepotom, ljubavlju i dobrotom, jedan korak je u plesu univerzuma.

Zato dišite, plešite, crtajte, pjevajte, poslužite i odlučno se podružite predivno nepoznatom čarolijom življenja.
Vodite ljubav živeći.
Vodite ljubav sa životom.

Jačina blaženosti

Gledajući očima, samo očima ljudskim,
viđena samo ta jedna dimenzija ljudska je.

Gledajući očima Duše,
viđene sve dimenzije stvarstva su.

Oči duše vide dimenzije mnoge, dimenzije svjetova i univerzuma, svjetlosti i tame, radosti i tuge; nevidljivi oblaci postanu živo glasni, jasnost istine opipljiva, a najviše od svega, sve ono što pogrešno shvatili smo izgleda nevjerojatno jednostavnim.

Slušajući ušima, samo ušima ljudskim,
čujno samo to površno, plitko i vanjsko je.

Slušajući ušima Duše,
čujno i ćutno sve je.

Ušima duše čujno sve je, i dalje i najdalje i najbliže: srce ljudskog bića, životinjskog carstva, prirode, univerzuma, svjetova već stvorenih, svjetova tek začetih, vidljivih i nevidljivih.

Slušajući bićem cijelim, sve živo je, sve postoji tu i sada.
Sve čujno, ćutno, jasno i glasno je: sve dimenzije, svi svjetovi, sve u jednom - mir, tišina, dubina, ples zvuka i pjesma boja, toliko toga svega da gotovo ničeg nema.

Tu vas zovem, prizivam i tiho ispraćam. Zašto?

Za vas, za nas, zbog svih, zbog života.

A zašto ne vidjeti i ne čuti stvarstvo i prirodnim stanjem doživljavati život i jačinu blaženosti?

Tada samo sloboda i blaženost vlada.
Tada ništa Malog Uma LJudskog neće da prevlada.
Tada život tkan je od dobrote i sreće,
a porok Malog Uma LJudskog patiti vas neće,
tada željni darovati ste svima
jer duša vaša čaroliju radosno daruje i blagoslove prima.

Vrednuj život

Nemoj da se mučiš,
ni bolom, ni nezadovoljstvom da se kućiš.

Čemu, kome i zašto tvoje mučenje,
jadom i strahovanjem kućenje?

To nije stvaranje,
niti je odmaranje,
nije životu divljenje,
niti istinsko je življenje.

Sve zemaljsko svakako zemlji ostaje,
a ti uvijek živiš gdje život ne staje,
putovanje tvoje prirodno je stanje.

Pitanje ovdje važno je sada,
gdje to misliš taj je „tamo" i „tada",
i da li znaš da iluzija je i želja i nada,
a jedino važno je tko si, kako si
i šta to ti živiš ovdje i sada?

Da li živiš i življenje slaviš
ili posljednji dan za životom ćeš da žališ?
Da li koraci su ti harmonija ljepote i sreće
i življenje šareno kao rođendansko cvijeće?
Ili vapit ćeš za životom zanemarenim i protraćenim
jer slijedio put si Malog Uma Ljudskog varkom zapletenim,
dušu napustio i biće uvenuo,
jer s puta svjetlosti nemarno si skrenuo?
Kakav bit će tvoj posljednji dan
tvoj to je jedinstveni života plan.

Življenje životnom strujom

Kada nešto, neko djelovanje vama postane norma, nešto toliko jako normalno da pusta i nesvjesna navika je, to tada mehaničko gibanje je, a ne života življenje.

Čim primijetite da nešto mehanički radite, odmah zastanite i nešto promijenite, jer u nesvjesnom djelovanju ni životna struja, ni vaša jedinstvenost nije prisutna.

Tada u pokretu na bateriju ste, „bateriju“ - Mali Um Ljudski,
a struja, duša, duh, stvarstvo, vodstvo, tada samo sjenka je,
a vi kao dar i čar nevidljivo nečujni jedva postojite.

A kada spremni život ste uistinu živjeti, zastanite i udahnite.

Pođite putem ljepšim i sjajnijim,
doživljajima krasite se čarobnim i bajnijim
zamijenite naviku za iznenađenje,
preslikajte brigu u uzbuđenje.
Crtajte novi dražesniji svijet,
pjevajte melodiju za miliji planet,
majstorski ponosite se življenja svog
da za življenje zahvalan vam je i dragi bog.

Gledajući cjelovito biće, dodajete blaženstvo

Kada nekoga žališ, cjelovito biće ne vidiš i istinu ne vidiš,
jer Malim Umom Ljudskim gledaš i zato dobro ne vidiš.
Ne gledaš očima duše i svjetlosti, zato dušu i svjetlost ni ne vidiš.

Nepravdu radiš kada žališ, jer tada žalost doprinosiš i tako nikada
prave po-Moći ne daruješ.

Kada očima svjetlosti gledaš i ušima duše slušaš, tada vidiš i čuješ
da taj netko svjetlost JE, da taj netko duša JE, da struja struji i
svjetlo svijetli i kroz njega isto kao i kroz tebe, da i on cijeli
univerzum JE, da on božansko u ljudskom JE.
Samo tako gledajući doprinos bogatstvu života si,
jer jadom doprinos samo još većem jadu si.

Pogledaj jače, pogledaj bolje, pogledaj dublje, gledaj očima
jasnosti i svjetlosti, da vidio bi cjelovito jedinstveno biće i život.
Tako i samo tako uistinu pomažeš i važan doprinos si zdravlju,
ljepoti, dobroti i blaženosti življenja.

Istinita poMoć

Osvijetli, pokaži,
i tada prepusti.
Osvijetli mu, pokaži joj,
a onda pusti.

U tvojim očima to biće vidjet će sebe,
sjetiti se i prepoznati šta zdravlje, ljubav,
mir, bogatstvo, ljepota i dobrota je.

Kao što svojim hodanjem
prikazuješ djetetu kako da hoda,
isto tako kada želiš pomoć poslužiti,
prikaži svojim djelovanjem i življenjem.

Pusti ga da sam prohoda,
pusti ga da ponekad i padne,
ali pusti ga da sam prohoda,
da hoda i da trči.

Živi u Skladu,
svijetli, blistaj i treperi.
To „poMoć" prava i jedna jedina je.

Iz Sklada se Sklad stvara

Iz Sklada se Sklad stvara,
ne postoji većeg doprinosa, dara i čara.

Ako to što radiš i to što stvaraš, tvoj rad, posao, zanimacija,
kreacija, ako samo to već ljubav, zadovoljstvo i duboke vrste
odmor nije, onda to tvoj rad i tvoje pravo i istinsko stvaranje
nije, već je mehaničko gibanje i življenje je iz Malog Uma
Ljudskog, iz straha, iz koristi, tražeći zadovoljstvo preko nekog
ili nečeg.

Može tu da poriče se i priča,
naročito kada Mali Um LJudski prevlada,
a umor tijelo savlada,
ali znajte i prepoznajte,
iz Sklada se Sklad stvara,
iz sopstvenog dara i čara Sklad se stvara.

Iz zadovoljstva, zadovoljstvo se živi,
iz ljubavi, ljubav doživljava se i daje,
iz ljepote i dobrote, zdravlje i mir se tkaje.

Pojačaj struju i korak

Odlučno koračaj
osvijetljenim putem,
jedinstvenim svojim.

A kada stranputica te zaslijepi,
znaj,
samo trena je tren.
Ne sudi.
Udahni,
izdahni,
i u Sklad stani.

Znaš
Tko si
Kako si
Zašto si.

Čak i kada teško je,
kad nemir, tuga, nezadovoljstvo,
bol i nepravda drma,
pojačaj struju i bića svoga Sklad,
stavi sve to drmanje kao drva na vatru,
neka ti i neprijatna valovanja daju još veći polet,
snagu, jasnoću i volju,
za stvaranjem i ostvarenjem života slobodnog,
zdravog, ljubavnog, mirnog i bogatog.

Trauma ne može da se izliječi, nove ćelije su lijek

Trauma ne može da se izliječi. Nijedna trauma.
Ne na način kako mnogi ljudi pokušavaju da liječe.

Da li je to fizičko tijelo ili stanje uma,
bol ne može da se izliječi gledajući i dirajući u bol,
jer dokle je i jedna bolna ćelija postojeća i bol tu je, postoji.

Pravo izlječenje i istinsko zdravlje - stvaranje je.
„Idemo dalje" prirodna je medicina
jer svaka novo-postojeća ćelija nov živ život je.

Šta znači iscjeljenje, izlječenje, ozdravljenje?
Znači, uvidiš povredu, čuješ bol, osjetiš nesklad,
prepoznaš izvor bolesti, nezadovoljstva ili bola.
Dobro.
Sada jasno vidiš i znaš.

Sada, poravnaj se, pogledaj se, okreni se, pogledaj se,
tako pažljiv i pozoran pogledaj se,
nježan i svjestan u Sklad stani i tek tada idi dalje.
Zadovoljstvom zadovoljstvo stvaraj,
zdravljem zdravlje stvaraj, mirom mir stvaraj.

Ne diraj bol, ne guraj bol ili nezadovoljstvo od sebe, ne njeguj bol dajući pažnju i životnu energiju nezadovoljstvu, boli ili bolesti.
Sve postoji, cjelina je, jedno je, i zdravlje i bolest,
svaki doživljaj svakako samo tren trenutka je.

Nježan budi, pažljiv i zdravlje njeguj.
Nježna budi, pozorna i biće svoje njeguj.
Idi dalje, dušom, srcem, cijelim bićem stvaraj.
Stvaraj, odmaraj, voli.

Boljet će, boli. Boli sada.
A ti,
zdravlje njeguj,
idi dalje nježno,
korak po korak,
misao po misao,
strpljivo, pažljivo,
s jasnom slikom zdravog življenja.
Tako se svako nesklada stanje Skladom „izliječi".

Jedino tako
se svako
i biće i stanje
pretoči u zdravlja blagostanje.

Prirodno stanje

Kada čovjek prirodu ometa, tereti i truje, pa onda kaže:
„Bolesno je ono drveće, cvijeće i polje; treba da se liječi.“
Kako?
A tko je to taj čovjek koji misli da može prirodu da liječi?
Čovjek Stvarstvo da liječi?

Pusti drveće, pusti livade, oblake i cvijeće,
ne truj, ne smetaj, ne liječi, već pozorno i pažljivo slušaj i gledaj.
Ti u Sklad stani i ugledaj čaroliju.
Stvarstvo i ljudsko biće priroda je iste vrste: drvo, ptica, cvijet,
kamen, ljudsko biće, sve to priroda je.

Kako čovjek misli da može da liječi stvarstvo
kad stvarstvo lijek je, a priroda cjelina.
Samo JE, postoji, živi.
Ne vani, ne unutra, ne gore, ne dolje. Postoji.
I čovjek misli to da liječi, kako?
Priroda, prirodno stanje svake forme postoji do najvišeg
savršenstva; misterija i čarolija koju Mali Um LJudski nikada
odgonetnuti neće.

Prirodno stanje, najjače, najzdravije i najveselije je stanje;
što više ga ometamo, više će da boluje i da pati.

Šta to može čovjek da posluži jednoj ptici, jednom drvetu,
kamenu, oceanu i cvijetu?
Zar stvarno? Kako, kada prirodno stanje potpuno postojeće
savršenstvo je jedinstvene forme.
Šta to čovjek misli kada svojim neskladom prirodu dira, cjelinu
stvarstva?

Zato, Sklad ponajprije.
Sklad prirodno je stanje,
prirodno stanje Sklad je.

S lakoćom

Čim osjetiš da negdje steže ili da grči te, da naporno ili preozbiljno je, stani. Stani toliko dugo dok ne rastaviš cijelu sliku u glavi koju složio si sebi o sebi, o nekome, o situaciji, o životu.

Stani dok ne izbrišeš cijelu priču koju ispričao si sebi o sebi, koja uopće nije ni tvoja niti si to ti, već koju ustvari ispričao je Mali Um LJudski o tebi i o životu.

Stani i pusti sve, sve te lažne priče jer to te grči, smeta i tereti.
Tu izvor nezadovoljstva, patnje i bola je,
u tvojoj priči i vjerovanju, a ne u postojanju.

Tako, sada slobodan si, jasan, lagan i čist.

Sada ponovo kreni, svjež, lagan, oslobođen i živahan,
koraka lepršavo jakog, slike jasne i pogleda čistog.
To pravi život je, istinit.

Kako znaš kad varka je?
Pa kad teško ti je,
jer nije život težak,
tvoja priča tvrda, oštra i teška je.

Pusti, popusti, opusti i stani,
da kretanje lakše bi ti bilo.
Kreći se, doživljavaj, živi i stvaraj,
da postojanje ljepše bi ti bilo.

Pusti priče Malog Uma LJudskog i svoje i tuđe;
to samo priče su, nisu istina, nevažna su drama i opasna droga.

Ne zabavljaj se pričom, ogovaranjem i objašnjavanjem,
već životom i življenjem, novim iscrtavanjem.

Otvori ruke, raširi ruke, spusti teret,
oslobodi se, raširi krila.

Ne boj se praznine ili tišine i to iluzija je jer sve tu je.
Sve, baš sve, baš u toj praznini i tišini sve postoji.

Zato stani, spusti ono što ne prija i iz tog „sve postoji"
i iz te „praznine", biraj ono što sada najviše ti prija.
Lagano prepoznaj da li lakoća je ili težina.
Probaj nešto drugačije, budi i doživljavaj nešto novo
i tako iznova, uvijek iznova.
To život je, to življenje je.

Znaj i pamti,
sve si i ništa si,
u svakom trenu trenutka,
pun si i praznina je.

Tu sve je, sve pusti,
jer tu sve je, al' sve to pusti,
jer to jedina prava sloboda je življenja.

Nova postavka pomaganja:
Zajedno smo jači

Ljudi moji dragi, dragi moji ljudi, važno pričati je i o jednom nezdravom i „zastarjelom" načinu djelovanja i postojanja, postojanja iz postavke Malog Uma LJudskog, male nestabilne postavke na kojoj život više ne može da stoji, načinu vjerovanja i djelovanja na kojem još uvijek mnogo ljudi bolno preživljava, a ta postavka „pomoć i pomaganje" je.

Saslušajmo, sagledajmo i ispatimo vjerovanje i djelovanje naše.
Saslušajmo, sagledajmo i ispratimo da li istina je i čemu služi.
To nova postavka je.

Kada netko želi nekome da pomogne, kao i za sve ostalo, samo dva načina postojanja su: Sklad ili nesklad.

Sklad cjelina je, jedinstvo duše, tijela, uma i cijele kreacije kao jednog bića.
Nesklad rascijepljenost je, odvojenost, djelić cjeline, Mali Um LJudski samo.

Primjer:
Sklad - temelj kuće, domovanje, temelj koji sastoji se od jasne slike, plana, najbitnijih materijala: cementa, vode, kamenja i željeza.
Nesklad - temelj koji bio bi bez najvažnije komponente, bez cementa.
I tako kada prva kiša dođe, ne samo kuća i stanovnici kuće već i okolica nastradat će.

Isto tako kada netko želi nekome da pomogne, iz Malog Uma LJudskog perspektive i postavke, iz jada, sažalijevanja, iz straha, možda očekuje nešto zauzvrat i takvom namjerom kreće da pomogne, on postavlja destruktivan temelj.

Šta očekuje ljudsko biće koji pomaže na ovakav način, irelevantno je, bilo da se radi o tome kako će se netko prema njemu ponašati, kako će ta situacija izgledati ili kako bi „pomagaču" bilo ugodnije, mirnije i bolje, sve apsolutno nevažno je - to pomoć nije.

Kada čovjek pomaže iz vlastitog interesa, straha je to manipulacija, iživljavanje, varka, kontrola, briga, nelagodnost, a sve to povodom iskrivljene slike Malog Uma LJudskog.

Taj tko pomaže na takav način, ne pomaže nikome, već želi nešto za sebe, zato pomoć takva istinita nije, prava nije; ni dobrobit, ni doprinos nije, sve to građeno na labavom temelju je.

Kada čovjek djeluje iz vlastitog nezadovoljstva tada gleda oko sebe i uvijek nešto ga smeta, želi da popravlja ili da pomogne, a nesklada je to postavka - nije istina pravog djelovanja i življenja.

A opet taj tko traži pomoć iz postavke Malog Uma LJudskog, taj tko ne vidi svoj dar i čar, nijedno pomaganje neće mu pomoći.

Takav način, uzajamni način uzimanja i davanja, pomaganja, toliko labav, opasan i razarajući je, da prvom prilikom kada jedna osoba skrene pažnju na nešto drugo, ta postavka, to prijateljstvo ili poslovni odnos, ruši se.

Onima koje sada panika hvata i pitaju:
„A kako onda živjeti ako ne pomažemo si?"

Sve vas koje panika sada hvata, gradili ste svoje živote na labavim postavkama.

Šta prava pomoć je?

Iz Sklada suradnja je nadgradnja. Zajedno smo jači.

Kada jednog bića posluživanje, davanje i primanje doprinos je svima, tada i samo tada zajedno smo jači.

Zajedno smo jači kada surađujemo svatko iz svog Sklada, kada svatko izvor je i doprinosi iz svoje jedinstvenosti.

Pitate se, a zašto onda takvome tko ima, takvome tko stvara, takvome tko ispunjen i ostvaren je, treba pomoć?

Pa zato jer nije „pomoć" već zajedništvo je.

Svatko jedinstveni dar i čar posjeduje, zato nije pomaganje.

Suradnja je, nadgradnja je, stvaranje je, ljepota i dobrota druženja je, Sklad stvarstva doživljavanje je.

Nitko, ali apsolutno nitko, ne može da probudi, oživi, izvuče, povuče, pogura jedno biće u Sklad i stvaranje, kada to biće na postavci Malog Uma LJudskog je.

Takvo stvaranje lažno je, umjetno, labavo jer samo je materija, prazna forma bez života, bez struje.

Takva forma raspada se svaki puta i uvijek i zauvijek.

Vidite i sami da Malog Uma LJudskog stanje konstantno urušava se i tako nestabilnost i strah pojačava.

Samo kada biće Sklada živi i stvara,
samo tada svako stvarstvo,
svaki dah, svaki korak,
svaka forma udahnuta životom je
i strujom napunjena.

Tada temelj, dom, domovanje,
postojanje i življenje,
zdravo je, jako je
i životom ispunjeno.

Da li je statika ili dinamika

Kada oslobođen i lagan nisi, kada ne pustiš i ne prepustiš tok života da živi kroz tvoju formu ljudsku, da slobodno teče, stvara, da biće razvija se i raste bez Malog Uma LJudskog granica, rigidnog vjerovanja, okova, stiskanja ili grčenja, ti ne živiš.

A kada oslobođen si i stvaraš, sve što ikada poželio si, svaka ideja koja zasvijetlila u biću je tvom, sve to doživjeti i živjeti ćeš, pa čak i mnogo više od toga što mogao si i da zamisliš.

Kada protočan i u pokretu si, tada jedno sa životom si. Kretnja života ti jesi, a sve što kreće se, živo i dinamično je; raste, razvija se i stvara dalje.

A kada u postavki si: „nisam još", „nemam", „ne znam" i „ne mogu", u postavki „ali ja želim", barikade Malog Uma LJudskog drže te naočigled statičnim, ali stanje tvoje statično nije, već krećeš se u mjestu i tako ponavljaš samo pa povodom toga i isto doživljavaš.

Tada samo izgleda kao da statično je, isto,
tvoj život i ti, tvoj život i svijet oko tebe kao da ne mijenja se,
ali to istina življenja nije, ni prirodno stanje stvarstva.

Kada ljudi osjećaju neprijatno se, kada nezadovoljni su i kao žele promjenu, većina traži rješenje na neprirodan i apsurdan način koji kaže: „Ja ću da stojim u svom poznatom iako neprijatnom, čekajući i očekujući promjena na bolje da sprovede se negdje drugdje."

Tražiti, zahtijevati ili očekivati promjenu izvan sebe, čekajući promjena da se desi kod nekog drugog ili negdje drugdje, da život tebi ljepši, lakši, zdraviji, ljubavnji, bogatiji, mirniji i bolji bi bio? Kako?

U statičnom-mehaničkom načinu življenja vidljivo i življeno samo uobičajeno ponavljanje je, dar i milost jedinstvenosti jednog bića ni vidljivi, ni življeni nisu, blagoslovi netaknuti su, a blaženstvo zanemareno je.

Tako mnogi pate dok „misle" i „vjeruju" da zapušteni od nekog su, napušteni od roditelja ili voljene osobe, a to potpuna istina nije, već povodom prepisanog zapisa Malog Uma Ljudskog zapustili i napustili oni dušu su svoju, jedinstvenost svoju, biće svoje, prvi, jedini i vječni dom svoj.

Napomena: Istina je, da, svi mi doživimo napuštenost na neki način u ljudskom življenju, a šta ja ovdje kažem je, da način postoji kako ispuniti „unutarnju" prazninu „iznutra".

Ljudi tako misleći da depresivni su, da svijet oko njih samo sivilo je, rasipaju strah i nezadovoljstvo, čekajući i nadajući se da netko će da vidi i čuje jedinstvenost njihovu, da ih prigrli, uzdigne i slavi, ne vidjevši da u potpunosti naopačke ta misija je.

Slavi biće, dušu svoju i tijelo svoje,
a tada svako biće svjetlosti s tobom će da se druži
i cijelo stvarstvo slavljenju pridruži.
Sebe stvarstvu posluži
tako lako kao što i najmanji cvijet služi,
miris svoj veselo daje
i za ljepotu mirisa svog nikad se ne kaje.

Zasvijetli i zatreperi,
osvijetli biće svoje ljudsko da vidljiv bi bio,
da bi zadovoljstvom zadovoljstvo sijao
i da bi u božanstvenom stanju bivao.

Zdravlje

Da li svjestan tijela si svog?
Da li svjestan si gdje zapaljeno je, upaljeno,
hladno, prazno i ozeblo,
napeto ili bolno,
gdje gori i šta gori, šta priča i gdje vrišti?
Da li prepoznaješ hlad, mrtvilo i maglu?

Da li svjestan tijela si svoga,
disanja svoga, svog daha?
Kako dišeš?
Da li dišeš svjesno, duboko, široko?
Da li čistiš tijelo svoje dahom?
Da li jačaš tijelo svoje dahom?
Da li opuštaš tijelo svoje dahom?

Da li mariš
ili samo ponekad malo pažnje baciš?
Koliko važno ti je stanje bića tvog?
Da li samo kada baš boli i kada baš moraš
ili svjestan si i prisutan u domu duše svoje?

Tijelo priča.
Da li slušaš i da li važno ti je?
Da li slušaš kada priča ili tek kada vrišti?

Može život doživljavati se i bez patnje.
Stani, pažljiv budi, osluhni, sagledaj,
udahni - izdahni, opusti - popusti.
Tijelo svoje saslušaj.

Tvoje tijelo vodič tvoj je, pokazuje i priča tebi: koliko da spavaš, kada, koliko i šta da jedeš. Koliko sunca, vode, zraka, aktivnosti ili odmora potrebno tvom tijelu je, samo tvoje tijelo zna.

Savjet liječnika, iscjelitelja, terapeuta, prijatelja uvijek dobar je, poruka i priča čovjeka koji živi zdravlje, sve to doprinos je, ali opet na kraju tvoje tijelo zna koliko, kada i kako, čega da i čega ne.

Ne brini se šta drugi za tvojim stolom jedu,
ne brini se čak ni šta kažu i misle,
svoje tijelo slušaj.
Ne gledaj na vagu, u tabletu ili u doktora,
već u biće svoje,
u tanjur ispred sebe i u piće svoje.
Ne sudi ni hranu, a ni piće,
tvoje tijelo zna šta najbolje za tvoje je biće,
jer nije samo do hrane i do pića,
već je do Sklada tvog jedinstvenog bića,
i nije ni do odmaranja, gibanja i spavanja,
već do vjerovanja, djelovanja, življenja i stvaranja.

Kakvo to mjerilo za tvoje jedinstveno biće može netko drugi da postavi?
Po čemu može Mali Um LJudski da izmjeri zdravlje, ljepotu, zadovoljstvo ili bogatstvo bilo koje vrste?

Tijelo visoka i velika inteligencija je,
stručnjak, genij, prvi, zadnji, jedini i najbolji doktor.

Tko to može bolje da zna šta tvom tijelu prija i kada?

Ne dozvoli da te Mali Um LJudski vara, a strah tjera, ne dozvoli sebi postati potrčkalo kada nešto tereti te ili boli, zastani i u mir sjedi, priču svog bića prvo čuj.

Da, konstatacija i druženje s osobom koja formulu zdravlja pozna i zna, doprinos je samo zato jer svojim stanjem življenja i djelovanja pokazuje da formula koju prosljeđuje ima svrhu i doprinos zdravlju je, jer sve to samo su neke i nečije ideje, mogućnosti, verzije, načini, ali taj gutljaj vode, jastuk pod glavom, sat, dva, pet odmora, dan, dva, pet odmora, sat, dan, tjedan, mjesec, godina aktivnosti, taj gutljaj vode, taj zalogaj hrane za tvoje tijelo, do tebe je.

Prijatnost, zadovoljstvo, mir, zdravlje u tvojim rukama je.
Ti vječno prisutan njegovatelj si.
Ti najbolji prijatelj si.

Tvoje biće tvoje je, ti njeguj ga, prigrli i sa Stvarstvom ujedini.

Struja struji

Šta emocija je?
Emocija iščitana je i jedinstveno prevedena živa struja vala.

Struja struji, tok teče.
A ti, jedinstveno biće, jedinstveni si senzor.
Gledajući i slušajući senzaciju, senzor aktiviran energijom iščitava
i prevodi neku senzaciju na sebi jedinstveni način.

Postavka uma čita, iščitava senzaciju i val u pokretu, takozvanu
vidljivu, nevidljivu, čujnu ili nečujnu struju i tako svako biće
prevodi podražaj valova, istog valovanja na svoj jedinstveni
način.

Vibracija, senzacija, koja nekome budi strah,
za nekog drugog uzbuđenje je.
Vibracija koja nekome nevažno valovanje je,
nekom drugom zanimljivost je.

Energija koju netko iščitava kao život i zadovoljstvo, nekom
drugom biću takva senzacija možda totalno neprimjetna je, a
nekom trećem potpuno stravična.

Ne postoji „moja" energija, „tvoja" energija, energija je energija;
ne postoji „moja" struja, „tvoja" struja, struja je struja.

Nije tvoja, nije moja, nije ničija, struja JE.
Struja postoji, struja JE.
U svakoj formi i bez forme struja JE.

Strujiš. Strujim.
Titraš, titram.

Živ si, živ sam.
Ne moja energija, ne tvoja energija, već energija.

Poremećaj, takozvana patnja ili neprijatna emocija na nivou ljudskog življenja, pokazatelj je, da senzor iščitao je neku vibraciju i senzaciju Malim Umom LJudskim.
Iščitano i prevedeno valovanje iz nesklada vodi do bola i poremećaja.

Struja struji, struja struji, struja struji,
tok teče, struja struji.
Struja struji, struja struji,
struja postoji, struja JE.
Struja struji, svjetlo svijetli, tok teče.

Tako dragi moji, drage moje, sve postoji.
Struja struji, struja struji, struja struji.

Struja struji stanje je cjeline, stvarstva i božanstva.
Struja struji stanje je duha, duše, života, univerzuma i svjetlosti.

Pratite Malog Uma LJudskog postavku i Sklad postavku i sagledajte pažljivo kako koja postavka čita, iščitava, gleda, sluša, čuje, prevodi, prepisuje i zapisuje.

Postavka „moje" - „tvoje" stanje Malog Uma LJudskog je,
a ta formula i postavka, uvijek stvarat će bolna iskustva.

Kada postavka Sklad je, svjesnost prisutna,
tada struja struji i potočić žubori,
tada čovjek doživljava i živi ljubav, ljepotu, dobrotu,
mir, zdravlje, bogatstvo,
lakoću, zahvalnost i zadovoljstvo.

Prati senzacije bića svog,
one baš tebe u željeno tvoje vode

Želiš novac? Oslobodi se. Ujedini se.
Želiš ljubav? Oslobodi se. Ujedini se.
Želiš uspjeh, zdravlje, mir, bolji život?
Oslobodi se. Ujedini se.

Kada oduzimamo, puštamo i popuštamo
zapise Malog Uma Ljudskog,
tada oslobađamo se
i tek tada u stanju smo prigrliti i ujediniti se sa željenim.
Oduzimamo da bi mogli zbrajati.

Oduzimamo, puštamo i otpuštamo stara vjerovanja,
načine bivanja, djelovanja i življenja,
oduzimamo sve što doprinos boljem životu nije.
Samo oduzimajte i što više oduzimajte,
s lakoćom puštajte i praštajte,
da oslobodite ruke svoje za nove života darove.

Težina tijela, težina tvorevine Malog Uma LJudskog, težina
stvari, težina življenja, sve šta težina je i previše, teret je. Sve to
teret je i višak, koji ne samo da tereti vaš život, već i živote ljudi
oko vas.

I lakoća i težina takozvane nevidljive supstance ćutna je oko ljudi
i u prostoru, kako vi to nazivate,
„pozitivna" lagana energija,
„negativna" teška energija.
Energija je energija.

Sve to samo riječi su koje opisuju, samo opisuju neka stanja koja prepoznajemo da bi znali kako dalje.

Senzacije i putokazi to su, uvijek prisutni.

Što lagniji i slobodniji ste, lakše ćete ih prepoznati, a lagano prepoznavanje služit će vam da jasno vidite društvo i prostor, jer zašto onda ovdje smo u ovom životu, u ovom tijelu, u ovom vremenu, u ovom prostoru, ako ne da slobodno bi živjeli i život ljudski u potpunosti doživljavali.

Prisutnost daha

Oslobodi straha se, baš sada,
takav kakav si i tu gdje si,
u tom stanju i u tom postojanju.
Oslobodi se.

Baš zbog toga to stanje, ta situacija i ta kreacija tu je,
da ti oslobodio bi se,
da ti oslobodila bi se,
okova ropstva Malog Uma LJudskog.
Točno tako, točno to ti stvorio si,
da iskusio stanje slobode i ljepote bi.

A ti?
Želiš bolje uvjete,
nešto i nekako drugačije?
Čekaš na nekog, na nešto?
Očekuješ?
Očekuješ da blaženstvo skočiti u krilo će ti
baš onako kako ti misliš da pravilno bi bilo.
Ha, baš simpatično.

Želiš neke ,,po tvom" idealne uvjete,
neke druge ljude, drugačije situacije i kreacije,
od nekoga tamo prostrt tepih crveni,
sve onako kako baš ti želiš,
jer tada i samo tada ti dobro osjećat ćeš se.

A sve tu je.
Sve i svatko za tebe tu je,
točno na način koji ti sam sebi si tako veličanstveno popločio
da željeno bi doživio i u božansko prste umočio.

Sve tu za tebe je,
da oslobodio bi se, da oslobodila bi se,
jer baš zato što strah te je,
baš zato što čekaš i očekuješ,
baš zato što nije kako ti želio bi, željela bi,
baš zato oslobodit ćeš se i novo stvoriti.

Svaki dah, svaki korak, svaki pokret, svaki pogled,
svaki osmijeh i svaka suza, već jesu ta sloboda i lakoća.

Idemo dalje

Kada radiš nešto lijepo, ne objašnjavaj zašto to radiš.
Ne objašnjavaj, izgubit će čar.
Kada predstaviš nešto lijepo,
samo budi sav svoj, svjestan i prisutan.
Ne objašnjavaj, tako gubi čar.

Čak i kada doživiš nešto ne tako lijepo,
svjedočio si ili ti uradio si nešto neprijatno ili bolno,
ne objasni,
urađeno je,
uradio si,
gotovo je,
prošlo je.

Sagledaj i pođi dalje,
odmah u idućem dahu i koraku
uradi nešto lijepo.
Pošalji u istom trenutku novi val
na put oko svijeta i planeta,
val mira i ljepote,
val ljubavi i dobrote.

Podaj ruku prijateljstva, nasmiješi se,
jer šta osmijeh je nego ljubav.
Svakim osmijehom srce šalje val ljubavi,
a pogled prisutan i svjestan,
daruje čar i dar jedne duše drugoj.

Ajde sada idi, živi, osmijeh podaj,
pogled miline podari i nježno dušu stvarstva dodirni.

Tako lako, zajedno smo jači.

Pa hajde sada zajedno da osvijetlimo ovaj svijet,
ovaj naš vanjski svijet na novi način.
Osvijetlimo ga unutarnjom svjetlošću,
koračajući Putem Svjetlosti Duše.

Čemu daješ pažnju to napajaš

Da, naravno da jako je, jako važno gdje usmjeriš svoju struju,
svoju energiju, svoj pogled, svoj korak, naravno da jako je, jako
važno. To što gledaš - to živiš.

Dobio struju si. U šta sproveo struju si i šta napojio si?
Dobio svjetlost i moć si.
Gdje usmjerio svjetlost si i šta osvijetlio si?
Gdje potrošio tu struju si, tu energiju,
taj život, taj dah, taj korak, tu riječ?
Kome i u šta dao si svu tu najdivniju hranu,
kakvu svrhu služi i da li doprinos je?
Da li svjesno dao si ili rasipao si?
To važno je.

Važno isto tako je, jako važno, od gdje, od koga i od čega primio
energiju si, riječ, pogled, pažnju, hranu, piće.
Naravno da jako je, jako važno.

Kakav put hodaš? Čiji put hodaš?
Šta na tom putu je, da li svjestan si?
Da li gledaš pažljivo, da li slušaš pažljivo?
Da li svjestan si na čijem i na kakvom putu si?
Šta na tom putu je? Šta nalaziš i pronalaziš?
Šta srećeš? Kakve ljude? Kakve situacije?
Kakvo društvo i kakvo življenje?

Samo to prati, samo to, jako je, jako važno,
jer to što potrošio si, potrošio si,
to što odhodao si, odhodao si,
to što ispričao si, ispričao si,
to što doživio si, doživio si i živio.

Nema povratka, nema opet, nema ponovo.
Samo je ovaj trenutak, samo je ovaj dah,
samo je ovaj dan, samo je ovaj korak.

Da li svjestan si kuda hodaš, s kim hodaš?
Šta pričaš, kome, koga slušaš?
Šta radiš i zašto, da li svjestan si?

Kada jako i glasno oko tebe je, mnogo ljudi, glasova glasnih, mišljenja, vjerovanja i djelovanja jakih, jake struje, da TI izgubio se ne bi, potopio ili gušio, tada pojačaj ti dah svoj, korak svoj, pojačaj struju svoju - jedino tako uvijek ostat ćeš svoj na svom putu.

Jasna slika

Uvijek slaže se slika i ukazuje putanja, uvijek.
Da li to ideja i volja za neko novo stvaranje je ili to želja za nečim je, uvijek, u svakom trenutku slaže se slika na tvom unutarnjem platnu.

U vremenu i prostoru ljudskog bivanja, vrijeme, prostor, ljudi i situacije, dio su već te željene slike.

Što čovjek svjesniji je, što jasnija mu je slika, što discipliniranije prati svoju putanju i u potpunosti posvećen je viziji, time manji razmak je, kraće takozvano „vrijeme" i „prostor" do njemu željene destinacije.

Što znači, kada spremni ste da živite neku ideju, želju, stvarstvo, potrebno je da disciplinirano gledate svoju jasnu sliku, djelujete i živite po njoj, da radite svoj posao i živite svoj život, da vas drugih ljudi vjerovanja, mišljenja, radnje i načini življenja ne zanimaju.

Bez svjesne dobrobiti i doprinosa, ne gledaj i ne diraj drugo biće.
To tvoja stranputica je.
Ne poslujte drugih ljudi posla, ne ometajte njihova jedinstvena stvaranja, ne ulazite u ničije živote.

„Taj netko" i „to nešto tamo" nije vaše, nije vaš život, nije vaše stvaranje. Ne sudite, ne ogovarajte, ne pametujte, ne prijetite, ne zahtijevajte, ne očekujte već svako ljudsko biće ispoštujte i uvijek sa zahvalnošću njegovo jedinstveno postojanje prigrlite.

Pitate se onda, a kako?

Da li to znači da čovjek izoliran je od svih i svega i od života oko njega? Ne, naravno da ne.

Na vašem putu vaše društvo je, na vašem putu vaša ljubav je, ispunjenje, ostvarenje, vaša sreća, vaše stvaranje, vaše sve.
Ne skrećite s putanje svoje da našli bi društvo „pravo".

Ne trudite se, ne čekajte, ne gurajte, ne sudite, ne zovite, ne kudite, ne žalite, ne jadajte i ne napadajte.
To što vaše po duši - stvarstva planu - Sklada stanju je, to što dio slike vašeg života je, to tu je i to lagano je i to prijatno je.

Vaše željeno tu nije samo kada vi tu niste.

Budite tu za sve ljude na zdrav način, živite sa žarom i dobrote doprinosa svrhom.
Pitajte: „Kako mogu da doprinesem i osvijetlim življenje ovom biću ispred mene sada?"

Vjerovanje kao stvaranje

Vjerovanje stvara osjećanje,
vjerovanje stvara osjećaje.

Osjećanje stvara stanje bića,
osjećaj stvara stanje bića.

Neko vjerovanje stvara osjećaj straha,
strah stvara nervozu,
nervoza stvara bolest, svađu, bol i rat.

Neko vjerovanje stvara osjećaj ljubavi,
ljepote, dobrote, mira
i tako stvara bolji i ljepši život.

Sagledaj pažljivo svoja vjerovanja.
Kuda vode?
U boljeti ili u voljeti?

Jad u jad vodi.
Užitak u užitak vodi.
Bol stvara bol.
Zadovoljstvo stvara zadovoljstvo.

Prigrlite sav život, i sebe i druge

I život i čovjek, sve jednostavno je, sve to tako jednostavno je,
jer sve prirodno stanje stvarstva je, to znanje neka vodi vas.

Kada zalutate, pomislite ili povjerujete
da nešto teško, nerazumljivo, komplicirano, neshvatljivo je,
kada pomislite da ne znate, da niste, da nema, da nije,
kada pomislite da nešto nije dobro s vama,
s vašim emocijama, s vašim mislima,
pamtite, znajte jedno,
život prirodno stanje univerzuma, božanstva i stvarstva je.

Opustite, popustite, pustite teške i bolne misli i prepustite duši
da osvijetli vam putanju Sklada.

Život sam JE, a sve što „nije", greška je u poremećenoj slici
Malog Uma LJudskog; grešno i površno gledanje je iz Malog
Uma LJudskog samo.

Otvorite ruke, prigrlite, zagrlite, zavolite sve.
Zahvalite se
i kada plačete od sreće
i kada plačete od bola.
Zastanite, udahnite i prigrlite život,
jer život je sve.
I sve je život.

Šta umjetnik stvara?

Svako ljudsko biće umjetnik je,
umjetnik života svoga.
Svaki čovjek pokretom svakim
život svoj crta,
svakim pogledom unosi i prenosi život,
svakom riječju daje život,
svakim korakom stvara
i umjetnost svoju živi.

Zato, dragi moji, slušajte riječ svoju,
pratite pogled svoj i pokret svaki,
korak, dah svoj,
da vidjeli, čuli i znali bi,
šta umjetnik stvara.

Val stvaranja, val odmaranja

Kako ljudsko biće kroz život ide,
tijelo raste, um širi se, duša sjaji.
Različite faze ljudskog bića postoje.

Jače faze su kada struja jaka je, ljudsko biće širi se i raste, čuje i
vidi ideje i aktivno stvara.
U toj fazi važno je da prati se pažljivo i pozorno: disanje,
spavanje, hodanje, temperatura u tijelu, bolovi, osjećaj tereta,
težine, napon i naboj; tada važno je u takvoj fazi da se ta
takozvana jaka struja, vrućina, velika energija, dobro, pametno i
što više svjesno upotrijebi.

Ako se takva faza ne prepozna, jaka struja može da šteti tijelu, jer
napon velik je, a tijelo, samo tijelo, nema potrebe za takvom
jačinom; ta jaka struja nije dana samo tijelu, već rastu bića i
stvaranju.

Pod takvim naponom i naporom, upale, bolovi, težina, umor,
čak i „mentalni poremećaji" i „emocionalni problemi" nastaju jer
struja svjesno se ne toči.

Faza jake struje dođe i ode kao val.
Faza mirovanja dođe i ode kao val.

Kada ljudsko biće živi svjesno i jasno, tada prepozna
Fazu - Val stvaranja i Fazu - Val odmaranja.

Isto kao faza stvaranja, važna je i faza odmaranja.

Val tada smiri se, povuče, da bi čovjekov um, tijelo i duša,
dotaklo potpuno i duboko opuštanje.

Spavanje, kada biće svjesno nije, nije opuštanje, ni odmaranje.

U opuštanju vidi se i pojasni sve; šta stvoreno je, kako dalje, sa čim i šta dalje, šta pusti se, koji dio slike nije u Skladu sa slikom stvaranja ljepšeg i boljeg života.

Takve faze, ta valovanja sva bića doživljavaju svakodnevno, svako noćno, svako mjesečno, svako godišnje.

Češće faze blaže su, zato nisu čujne, ćutne i viđene mnogima, manji su i blaži valovi.
Veće i jače faze za neke ljude česte su, a za neke možda jednom životne.
Svakom pojedincu njegovo.
Individualni to doživljaj je, zato svatko može samo da prati sebe, svoj ritam i svoje valove.

Val stvaranja

Val odmaranja

Val stvaranja

Val odmaranja

Te faze, kao što svi znamo, isto tako važne su za djecu, za životinje, za prirodu i naravno za cijelo stvarstvo.

Da, struja jaka je, ne može svako biće lako da podnese i sprovede je, ni psihički ni fizički.

Svjesnost, pažnja, jasna slika, opuštenost, staloženost, stabilnost, disciplina, koncentracija; sve to potrebno je da upravljalo bi se jakom strujom.

Današnje generacije umjetno pojačavaju struju svog bića, a nemaju jasnu sliku niti znaju kako upravljati tom jakom strujom. Iz tog razloga sve umjetne stvari mogu biti vrlo štetne biću koje u Skladu nije.

Ljudima kojima struja slaba je, kojima protočnost u kapljicama je, dolaze i njima valovi stvaranja i valovi odmaranja, a mnogo puta nisu svjesni.

Valovi svim bićima dolaze prirodno i proporcionalno.

Kada ljudsko biće u Skladu nije i iz postavke Malog Uma LJudskog stišava prirodu, sputava, zadržava i suzdržava struju, tada ti valovi stvaranja doživljavaju se kao neka teška vremena, napor i teret.

Prirodni tok života struje djeluje kao smetnja za um koji suzdržan, uzdržan, zabarikadiran i zgrčen je.
Takva ljudska bića pod jačinom sopstvenog suzdržavanja mnogo pate, kako u tijelu, tako i u cjelokupnom življenju, i tako njihovi valovi stvaranja, odmaranja, jače struje, svakodnevnog zadovoljstva, blagog mira, dubokog opuštanja, nikada nemaju mjesta u njihovom životu; Mali Um LJudski pod silom vlastitog ograničenja ne dopušta prirodno disanje ni duši ni stvarstvu.

Jedno smo vječno valovanje

Stanje bića i valovanje - način djelovanja, važan za sve životne trenutke je, a ponajviše kada prisustvo nemirnog ili nezadovoljnog ljudskog bića ili nepoželjne situacije, potakne i probudi neprijatne osjećaje, a tada i neprijatne re-akcije u nama.

Na stari, svima nama dobro poznat nezdrav način djelovanja, u želji da promijenimo to nešto nama neprijatno, nesvjesno uskačemo u nečiji val i valovanje, a takav način nesvjesnog djelovanja je kao da smo uskočili u nemirno more, u jaku struju, u muljavu vodu sa željom da smirimo te valove ili očistimo taj mulj.

Našim uskakanjem i naglom nesvjesnom reakcijom, samo smo dodali mulj i nemiran val u već muljavo, nemirno, uzburkano stanje. S nemirom ušli smo u nemir da taj nemir smirili bi.

Nadam se da ste se sada slatko nasmijali ovim šaljivim ljudskim igrokazom zvanim život.

Možda uskočili i ušli smo s nezadovoljstvom, a možda sa žaljenjem Malog Uma LJudskog u želji da pomognemo, a opet, ušli blatni smo i dodali blato u blato.

Ulaskom u već nemirne vode Malog Uma LJudskog, naravno da doživjet ćemo sve te turbulencije, nemir, smrad i prljavštinu.

Možda u toj želji da tamo negdje nešto promijenimo, šamarani na sve strane, napit ćemo se tog mulja, te prljave i otrovne vode, a od plivanja u takvim vodama umoriti, iscrpiti i razboljeti, a na taj način čistoću i ljepotu doprinijeli nismo, već i mi mulj postali smo.

Zato, u svakom trenutku, u svakom dahu i u svakom koraku „ne skačite" već znajte, da svako pojedinačno ljudsko biće, isto kao i vi, svoj jedinstveni doživljaj i val je.

Pratite stanje bića svoga i svoje valovanje.
Doprinos budite sjaja, jasnosti, zdravlja, mira, nježnosti, zadovoljstva, dobrote, osmjeha, bogatstva, blaženosti i lakoće.
Ljepotu i blagoslov života slavite.
Ljubav darujte.

Novi temelj

Kada kažem ponajprije oduzimanje,
a onda zbrajanje,
kada kažem stvaranje, kažem,
ponajprije oduzimanje, onda zbrajanje.

„Oduzimanje" - obrasca, zapisa, blokade, barikade, Malog Uma LJudskog vjerovanja, navike, postavke koja dovela vas je do ovdje gdje više nema dalje, gdje više nije ni zdravo, ni prijatno.

Da doživio i živio nešto novo, bolje i drugačije bi, pustiti, osloboditi, izbrisati staro i nepoželjno primarni je zadatak.
Oduzimanje starog zapisa prvenstveni zadatak je; oduzimanje svih navika, vjerovanja, postojanja, djelovanja, priča, ispričavanja, objašnjavanja, žaljenja i jadanja, prvi korak je.

Kada spremni ste, voljni i željni živjeti zdravim, bogatim i lijepim životom, prvo potrebno oduzimanje je svega bolnog i teškog.

Zbrajanje novih ideja i navika stvoriti novi temelj će, za novi, bolji i ljepši život.

Kada Malog Uma LJudskog temelj „stari", stav i postavka zastarjeli, ne podržava prirodni rast ljudskog bića više, isto je kao kuće temelj stari kada ruši i urušava se jer u Skladu s novom gradnjom nije.

Mišljenje i vjerovanje, navike i način djelovanja kada ne podržavaju promjene i ne služe više, život postaje težak i življenje urušava se.

Oduzimanje jedini način je, da prvenstveno očistili i napravili bi mjesta, a tek tada gradili nove jake i zdrave temelje, na kojima s lakoćom i sa zadovoljstvom stvaramo, doživljavamo i živimo novo.

Za nešto drugo i drugačije,
ponajprije u vama drugačije,
vaša nova postavka novi temelj za novo življenje je.

Spoznaj život

Struja struji, uvijek.
Sve struja je, sve što postoji, struji.
Sve, baš sve struji,
čak i ono što mislite da ne struji, struji,
jer sve struja je.
Sve što postoji struji, uvijek.
Ne od početka i ne od kraja,
jer početka i kraja nema.
Ne u prošlosti i ne u budućnosti
jer prošlosti i budućnosti nema.

U svakom elementu struja je,
u svakom elementu svjetlost je,
u svakom elementu boja je.

Samo zato što vidljivo nije očima vašim,
ne znači da ne postoji.
Samo zato što vidljivo nije očima tvojim,
ne znači da nema i da nije.
Ima, uvijek ima. Sve postoji i svega ima.
Sve što čovjek može ili još ne može zamisliti.
Sve što već zamišljeno je i ono što nije, već postoji.
Sve što izmišljeno je i ono što nije, već postoji.
Sve što napravljeno je, sastavljeno, vidljivo,
sve to nekad bilo nevidljivo je, nemoguće,
nepostojeće Malom Umu LJudskom.

Tako sada tebi je, tako sada vama je.
Samo zato što sada ti ne vidiš, samo ti ne vidiš, ne znači ništa.

Pamti, kapljica jednog beskonačnog oceana si,
val si, ocean si, tren trenutka si.
Živ život si.
Život života si.
Tako živi.
Sada živi.

Jedno svjetlo

Jedno društvo, bezbroj glava,
jedno društvo, a dva plana,
jer u ovom postojanju ljudskom
potrebno je lijevo, desno, toplo, hladno,
neskladno i Skladno,
za sve one koji put svoj ne stvaraju
i sami sebe uvijek varaju,
za sve one koji nekog tamo prate,
a na svoj put svjetlosti zaborave da svrate,
potrebno je lijevo, desno,
da shvate da oba plana,
dva plana njima su dana,
da im pamet pomute,
dok oni spavaju i ništa ne slute,
već samo slijepo slijede,
dok njihove duše gase se i blijede.

Velike to sile su Malog LJudskog Uma,
životi propušteni, ponavljana tuga.

Svjetlo, tama, svjetlo, tama. A čemu?
Samo Malom Umu LJudskom bez plana,
može da vlada svjetlo, tama, svjetlo, tama;
samo ljudskom biću bez plana
može da vlada i svjetlo i tama.

Plan, svjesnost postojanja,
stvaranja, življenja, bivanja
svako ima svoj,
ne bi trebalo tebi moj ili meni tvoj,
već svatko svoj.

Ne tebi, ne meni, ne tvoj, ne moj
već svatko svoj put kada slijedi
tada božansko u čovjeku ne izblijedi.

Sve ostalo je rat i tuga,
patnja zbog sebe, zbog svog druga,
izgubljeno, bolno, ranjeno i tužno
na kraju krajeva grešno, jadno i ružno.

Lutanje bez cilja i bez plana.
Nerazumijevanje.
Zašto, kada ista sila svima je dana?

Put duše jednog bića,
jedinstvenost, ljepota,
bogatstvo, dobrota,
milina, tišina, dubina
vidna, providna,
ista u svim ljudima.

Jačina duha
nikada gluha.
Jačina duha
ima sluha
ima dara
ima čara.
I tada svijetom, i ne samo svijetom,
već cijelim stvarstvom božanstvo vlada.
To neka vam bude glavna svrha Sklada
da u svakome od vas,
svijetlost duše uvijek vlada.

Kako gledaš?

Tvoje doživljavanje je kako ti život gledaš,
kakvoj misli i osjećaju ti se predaš.

Samo i samo tvoje je kako gledaš,
samo i samo tvoje je čemu se predaš.

Kojoj realnosti i kakvom iskustvu se predaš,
a čemu ne daš,
čemu ne daš da živi,
kome ne daš da se divi.
Zašto?
Kome to služi,
s kim tvoje biće se druži?

Da li stalno se sažalijevaš
ili ljepotu iz života u život prelijevaš?

Da li sa zadovoljstvom biraš boje i život bojiš
ili živiš tako da života i življenja se bojiš?

Tvoje je i samo tvoje kako gledaš.

Tvoja ljepota

Stani i srce otvori,
s prirodom, s vjetrom koju prozbori.
Uvijek stani, uvijek stani,
barem za trenutak jedan mali,
jer veliki život su u stvari
trenuci i detalji mali,
detalji koji čine stvarstva sliku,
tvog života putanju i obliku.

Pogledaj na šta to tvoja slika liči,
pogledaj na kakav život tvoje življenje priliči.

Da li spajaš ili razdvajaš?

Oblik stvarstva kada spoznaš,
tada i sebe tek prepoznaš.
Oblik lista osušenog u jesenskoj travi,
sve to nešto je što i tvoj život vodi i gradi.

Oblici i boje,
izraz duše su tvoje.
Miris, dodir, osjećaj u biću duboko,
sve je to i sve je to, kako vidi samo tvoje oko.

Put

U tišini i s Bogom,
u dubokom miru i sam sa sobom,
sebe samog ćeš pronaći
i u životu lakše ćeš se snaći.

U dubokom miru sam sa sobom,
domuješ u kraljevstvu i sjediš s Bogom,
tada put svoj jasno vidiš,
korak za korakom pravi tek tada činiš.

Riječ božansku tada zboriš,
od nikog i ničeg više se ne umoriš,
zvukove čuješ, boje snivaš,
na valovima života lagano bivaš.

Zato popusti, opusti, zastani i stani,
na izazove Malog Uma LJudskog nikada ne plani,
jer život pravi, u tim dubokim visinama
u tim glasnim tišinama,
jasno se vidi i prvenstveno stvara,
jer ljubav, ljepota, dobrota, zdravlje, mir i bogatstvo
od Božjeg su Dara,
Mali Um LJudski sam, nema tog čara.

Zato, prijatelji moji sjajni i dragi
Ujedinimo se i budimo blagi
Prigrlimo veličanstveno stanje svakog bića
Zadovoljstvo Bogu darujmo savršenstvom naših životnih priča.

Idemo dalje...

MOJI UVIDI